UNDERSTANDING
MICHAEL
PORTER

The Essential Guide to
Competition and Strategy

竞争战略论

一本书读懂迈克尔·波特

[美] 琼·玛格丽塔 ◎著
（Joan Magretta）

王雅珺 ◎译

Joan Magretta. Understanding Michael Porter : The Essential Guide to Competition and Strategy.

Original Work Copyright © 2012 Joan Magretta.

Published by arrangement with Harvard Business Review Press.

Simplified Chinese Translation Copyright © 2024 by China Machine Press. This edition is authorized for sale in the Chinese mainland (excluding Hong Kong SAR, Macao SAR and Taiwan).

No part of this book may be reproduced or transmitted in any form or by any means, electronic or mechanical, including photocopying, recording or any information storage and retrieval system, without permission, in writing, from the publisher.

All rights reserved.

本书中文简体字版由 Harvard Business Review Press 授权机械工业出版社在中国大陆地区（不包括香港、澳门特别行政区及台湾地区）独家出版发行。未经出版者书面许可，不得以任何方式抄袭、复制或节录本书中的任何部分。

北京市版权局著作权合同登记　图字：01-2022-7090 号。

图书在版编目（CIP）数据

竞争战略论：一本书读懂迈克尔·波特 /（美）琼·玛格丽塔 (Joan Magretta) 著；王雅珺译 . -- 北京：机械工业出版社，2024.8. -- ISBN 978-7-111-76140-2

I . F274

中国国家版本馆 CIP 数据核字第 2024589T4P 号

机械工业出版社（北京市百万庄大街 22 号　邮政编码 100037）

策划编辑：许若茜　　　　　责任编辑：许若茜　白　婕
责任校对：郑　雪　李　婷　责任印制：常天培
北京机工印刷厂有限公司印刷
2024 年 9 月第 1 版第 1 次印刷
170mm×230mm · 15 印张 · 1 插页 · 162 千字
标准书号：ISBN 978-7-111-76140-2
定价：79.00 元

电话服务　　　　　　　　　网络服务
客服电话：010-88361066　　机　工　官　网：www.cmpbook.com
　　　　　010-88379833　　机　工　官　博：weibo.com/cmp1952
　　　　　010-68326294　　金　书　网：www.golden-book.com
封底无防伪标均为盗版　　　机工教育服务网：www.cmpedu.com

谨以此书献给我的叔叔 Arthur Rosin，他以身作则，让我懂得领悟与释惑之乐；也将此书献给 Betty Rosin 以及我的父亲 Cyrille Gorin 和母亲 Eugene Gorin。

致 谢
ACKNOWLEDGEMENT

我认识的迈克尔·波特首先是一位天才导师。如果这本书能够帮助读者充分理解波特的思想，那么这在很大程度上要感谢他的鼓励、指导和悉心解惑。在我撰写本书期间，波特花费了大量的时间和精力仔细地阅读了每一章，并提出了真知灼见。

我在本书中阐述波特的思想时引用了一些公司案例，有些来自波特的著作，还有一些来自研究人员和财经作家的作品。凡从已发表的成果中引用的案例，我在本书末尾的章节注释和资料来源中都做了说明；另外，本书还引用了哈佛商学院战略与竞争力研究所（Institute for Strategy and Competitiveness，ISC）尚未发表的工作成果，在此，我要向它们优秀的研究人员表示感谢，特别是Andrew Funderburk。

我的很多同事和朋友对本书的初稿提出了有用的建议，其中三位的贡献远远超出了他们的职责范围。哈佛商学院的战略课程教授

Jan Rivkin 竭尽所能防止本书的推理过程走过多的"捷径",经验丰富的高管 Ellyn McColgan 呼吁本书得让波特的思想与管理者的实践相关联,杰出的出版商兼资深书迷 Paula Duffy 就本书出版的各个方面提供了宝贵的建议。另外,我要感谢 Regina Fazio Maruca 和 Alice Howard 提出的建议,还要感谢贝克图书馆(Baker Library)的 Chris Allen、战略与竞争力研究所的 Lydia Graham 以及哈佛商业评论出版社的 Allison Peter,他们给予了我很多支持。

我们既需要有人足智多谋,为我们出谋划策,亦需要有人大力支持,为我们呐喊助威。对我来说,Rafe Sagalyn 和 Cyrille Gorin 就是这样的人,是他们最先敦促我撰写此书,并帮助我着手准备。Melinda Merino 一直以来都是最出色的编辑,她的判断力和支持为这本书增色良多。

最后,特别感谢我的丈夫 Bill Magretta。他并非普通意义的爱人,一直以来都是我的秘密武器,是我认识的最聪明的读者。

导　言
INTRODUCTION

迈克尔·波特并不是通过从小处着手、以小见大的研究分析方式才成为竞争与战略研究领域的巨人的。早期，他只研究一个在商界最大也最重要的问题：为什么有些公司比其他公司更赚钱？一旦提出这个问题，其他问题就随之而来：为什么一些行业总是比其他行业更赚钱，这对于企业管理者制定战略意味着什么？为什么一些国家和地区比其他国家和地区更成功，这对于在全球化时代背景下的企业又意味着什么？迈克尔·波特出版其开创性经典著作《竞争战略》（*Competitive Strategy*，1980）与《竞争优势》（*Competitive Advantage*，1985）以来，逐步构建了关于竞争与竞争成功这些基本问题的理论框架。对企业管理者来说，还有什么比弄清楚这些更重要的呢？

关于经典著作，马克·吐温是这样说的：所谓经典，就是所有人都希望自己已经读过，但实际上却没有人想读的书。攻读波特的著作可能有点类似于参加一门严格的训练课程，它会使你受益匪浅，甚至会对你产生颠覆性影响。但完成这门课程并不容易，对事务繁多的企业管理者来说更是如此。该从哪里开始呢？波特的巨著如此之多，其中有些著作的读者对象既包括专家学者，亦包括企业管理者，该如何阅读呢？是该从大部头的最早期的著作开始，还是应略过基础知识部分，直接跳到波特的最新著作中去了解他的最新思想呢？波特的著作立意高远、博大精深，这既好也不好，因为这意味着读者需要耗费更多的精力专心致志地研读。

但是，如果你重视战略，那么波特的著作是基础。本书为企业管理者提炼出了其著作的精髓，可以被视为波特战略巨著的内容摘要。我写这本书的前提很简单：清晰明确的战略思想对任何背景下的任何企业管理者都必不可少，而波特的著作列出了你需要掌握的基本原则和理论框架。我写这本书的目标是在波特原著的基础上解读他的基本思想，使之更容易被读者理解并实际应用。进一步来说，你如果真的想消化这些至关重要的思想，那么在吞咽之前必须得细细咀嚼。战略不是快餐，波特的思想也不适合生搬硬套。

波特经常说："战略的精髓，是选择不做什么。"读后半句时你可能得停下来思考一下，因为与其他原因相比，对"选择不做什么"做出错误的判断可能最容易导致战略失败。因此，在制定本书的战略时，我决心按照波特的理念，先说说本书"不做"的内容：

- 本书的读者不是研究战略的学者，而是企业管理者，以及那些为他们提供建议并与他们一起工作的人。

- 本书并不归纳总结波特所有著作的思想理念，而是侧重于解读其竞争和战略方面的思想，不涉及波特其他的研究主题（比如，如何发展经济，如何将竞争性原则应用于医疗和环境等社会问题）。

- 本书并不是波特著作的延伸和拓展。但是，我的确整合了波特在他的职业生涯各个阶段提出的观点，并更新了他早期的思想观点，以反映其后来的拓展。波特不遗余力地配合本书的撰写令我受益匪浅，他还提供了尚未发表的演讲稿和讲座讲义等最新资料供我参考。

- 从本质上讲，这本书并不是一本操作手册，我们阅读了操作手册也不一定能制定出好的战略，这与不可能仅凭一本关于空气动力学和飞行原理的书就学会如何驾驶飞机是同样的道理。其实，这是一本教会你"如何思考"的书，帮助你辨别战略的优劣，让你可以认清哪些是可靠的战略，哪些是"时髦的"管理伎俩。

为什么现在写这本书

波特的著作尽管从不赶时髦，总是具有现实意义，但对在私营部门和公共部门工作的许多人来说，它们从未像今天这般恰逢其时。当今世界，很多国家经济动荡，诸多行业经历风云巨变。在这种动荡不安中，竞争正处于十字路口。有的人推崇竞争，称赞它是通向经济增长和社会繁荣的道路，而且是唯一的康庄大道；有的人惧怕竞争，憎恨竞争，认为它是破坏性的，是使所有竞争者都陷入深渊的竞赛。战略本身也备受争议：有的人认为企业的执行而非战略，才是在竞争中取得最后胜利的唯一法宝。他们声称，即使组织创造出了竞争优势，也无法在当今竞争异常激烈的世界中保持这种竞争优势，既然如此，何必费力气呢？这些理解都是有偏差的，很容易形成错误的观念。当你掌握波特的基本理念后，就会了解公司如何能在数十年里保持竞争优势，还会明白为什么在动荡不安的时代中，战略尤为重要。

令人遗憾的是，很多企业管理者并没有机会直接与波特对话，因此，他们最终领会到的内容往往会有失准确，有时还会以偏概全。在保持波特思想的深度和高度的前提下，我会尽量简明扼要地阐述他的思想，以使大多数人都可以真正地理解。在此过程中，我也会告诉大家最常见的对波特著作的理解误区。

为什么是我来写这本书

我第一次接触到迈克尔·波特的著作是在20世纪80年代初，那时我还在哈佛大学攻读工商管理硕士，他开设的"工业与竞争分析"是当时课表中最热门的新课，这门课程造就了数以千计的战略顾问，而我就是其中之一。在贝恩咨询公司（Bain & Company，后来我成了这家公司的合伙人），公司里每位员工的工位上都摆着波特的书，大家都认真研读波特的著作，然后将其应用到实际工作中。

在我的职业生涯中，我曾与多个行业的客户合作，他们有的来自生物技术行业和大型制药业，有的来自时尚服装业，还有的来自重工业，我还和各个领域的非营利组织打过交道。我注意到，无论是在某个行业还是某家公司，无论是在营利性组织还是非营利组织，波特的著作对于帮助我们弄清楚周遭正在发生的事情都至关重要。为什么这家公司在这个市场空间中蓬勃发展或不堪一击？为什么那个组织的业绩不佳？它本有能力做得更好，它本应该做得更好，却陷入如此境地。到底出了什么问题？在过去的三十年中，我所知道的做得好的战略工作都（有意或无意地）建立在波特所创建的理论基础上。

20世纪90年代初，我开始担任《哈佛商业评论》战略栏目的编辑，而波特是该杂志的主要撰稿人。他经常与具有学术或出版背景的编辑合作，而我曾在企业工作过，第一手的从商经验又可以让我从另外一个角度提出见解。我具备战略方面的理论素养，并且作为《哈佛商业评论》战略栏目的编辑，我一直与该领域里的知名人士打交道。同时，我也了解企业管理者在实际工作中面临的挑战，我们的很多项目都是针对企业管理者遇到的实际困难而开展的。

这些项目包含波特为《哈佛商业评论》撰写的一些最具影响力的文章。其中有两篇与这本书密切相关：一篇是他在1996年发表的《什么是战略？》（"What Is Strategy？"），它一直以来都是销量最高、引用次数最多的文章之一；另外一篇是他在2008年发表的《塑造战略的竞争五力》（"The Five Competitive Forces That Shape Strategy"）⊖，这篇文章是对波特之前的成名经典著作的一次重大更

⊖ 《哈佛商业评论》繁体中文版中将其翻译为《竞争作用力如何形塑策略》，但鉴于竞争五力已经被广泛接受，因此采取此种译法。——译者注

新。我还协助波特撰写了很多文章、著作、专栏文章以及演讲稿。他着眼当下,选择的题材广泛,包括医疗保健领域的竞争、环境的可持续性、内城区的商业潜力、地区与全球竞争态势、日本公司的成功与失败以及领导力在战略中的作用等。

后来我离开了《哈佛商业评论》并开始撰写自己的书——《管理是什么:人人都要读的管理启蒙》⊖(*What Management Is: How It Works and Why It's Everyone's Business*),这个题材所涉及的问题是公司高管们普遍认为不可能解决的任务。而后波特邀请我以高级研究员的身份加入总部位于哈佛商学院的战略与竞争力研究所,如此,我们早在近二十年前就开始的工作关系以这种方式得以延续。在此郑重声明:我可不是波特的雇员,也不依靠他获得任何实质性的经济支持。我非常尊重他的著作,纯粹是因为这些著作卓越非凡。

实现巨大的飞跃

经管类图书的读者都知道,管理学的专家大咖来也匆匆,去也匆匆,让人目不暇接。那么为什么波特的著作能经久不衰?是什么让他的著作与众不同却又举足轻重?我认为,波特的著作是难得的智慧结晶,成功地建立了经济理论与商业实践之间的桥梁。我们经常听到的笑话是,一位经济学家问另外一位经济学家:"当然,这在实践中确实可行。但是,理论上讲得通吗?"波特的作品之所以长盛

⊖ 此书已由机械工业出版社出版。——译者注

不衰，并被广泛引用和应用，是因为它既在理论上说得通，亦在实践中可行。

波特的职业生涯可谓一直在致力于建立理论与实践之间的桥梁，这一比喻很贴切。想象一下这样的场景：雄伟壮丽的哈佛商学院坐落于查尔斯河波士顿一侧的河畔；哈佛大学傲人的经济学院位于河对岸，那边是在学术上更为传统的剑桥城，走人行天桥几分钟即可过河。20世纪70年代初，迈克尔·波特本科毕业后在一侧河畔的哈佛商学院取得工商管理硕士学位，接着又在河对岸的哈佛大学经济学院取得博士学位，而后，他发现自己面临着一条似乎无法逾越的学术鸿沟。说得直白些就是，对哈佛商学院和哈佛大学经济学院而言，一方的知识对于另一方没什么用。

回顾当时的情形，波特是这样描述的："哈佛商学院的研究一贯将企业视为一个极其复杂的实体，受成千上万个因素影响。企业所面临的每一种情况都是独特的，因为每种情况涉及的人员不同、市场不同，产品也不同。因此，对管理的研究是通过深入的案例分析和现场调查等方式实现的……经济学院的研究惯例与此截然不同，研究某一现象时，须根据该现象建模，而这种模型……并非要重现或面面俱到地描述这一现象。经济学模型仅概括这种现象的本质，并以数学的形式表示出来。"

波特在哈佛商学院和哈佛大学经济学院都学习过，但是他认为这两个院系均不能充分地解释竞争的各个环节。案例研究捕捉到了个别情况的复杂性，但是这样就会"只见树木，不见森林"，无法顾及整体。如此，就没有办法进行概括，研究行业时就缺少大的框架，也无法全面地思考成本问题。经济学模型却在相反的方向上进行得过于极端了。中规中矩的模型只能捕获到竞争中可以用数学方法解决的问题，丢失了竞争丰富多彩、多维立体的特点，将竞争简化成抽象的公式，这样就严重地脱离了现实，无济于事。例如，经济学家在建模时会假设各个公司或多或少基本相同，简化了竞争。而对企业管理者来说，基于这种假设建立的模型基本没有什么用处。

波特另辟蹊径，创造了自己的"框架"。他是这样说的："我的框架提供了一套非常基本的逻辑关系，这种逻辑关系类似于物理学，如果想提高利润率，就必须提高价格或降低成本。行业竞争是由五种力量驱动的，而企业是各项经济行为的集合体。这些框架就竞争的实质提出了基础性的、根本性的逻辑关系，而且，我相信这种关系不会改变。"

哈佛商学院和哈佛大学经济学院各有所长，波特择善而从。他进行了数据密集型分析工作，用以检验并拓展经济学分支学科"产业组织理论"（industrial organization，IO）。另外，他还切实地深入研究了数百个案例，试图提炼出适用于所有行业的竞争要素。波特解释说，这些要素对企业管理者而言必须直观易懂。也就是说，如果你向某位经理人推介一个框架，那么这一框架必须在他所在的行业内说得通。

最初，波特的框架遭到了这两所学院的批评，其中来自哈佛商学院同事的批评更甚，他们吐槽这些框架太抽象了。尽管今天很难想象，但是彼时波特的职业前景似乎充满变数。波特推出的第一个框架，即五力分析模型，如今被全世界所有的重量级商业课程纳入教学，这是一次巨大的飞跃。在波特的记忆中，"这是一次令人不安的飞跃"。

但这次飞跃很关键。在管理学这个所谓"大师专家遍地走，畅销著作随时有"的领域，波特的著作真正经受住了时间的考验。企业管理者们会时不时地遭到"开创性思想"的狂轰滥炸，这些思想标榜可以解释所有事情，而实际上它们通常仅仅能说明当下发生的某些现象，非常有限。如果恰逢其时，这些思想工具还有些用处，但很快就成为明日黄花；而最差的情况是，这些思想成为一时流行的思潮，却将企业管理者推向毁灭的深渊。

与之相反，波特一直都在专注于研究那些永恒不变的管理准则。他的理论是通用的，适用于所有的案例。如果你走进波特的世界，就要习惯这里没有博人眼球的隐喻：没有蓝海市场，没有跳舞的大象，也没有移动的奶酪。你在这里会了解到：营利性组织制定的战略如何严格而明确地实现财务业绩，非营利组织的战略如何有效地实现既定的社会目标。

波特在经济学和管理学领域独树一帜。在学术界，他是被引用次数最多的经管类学者。同时，他的思想理念被全世界的商业领袖和政府领导人广泛践行。他的理论框架已成为企业战略领域的基石。

各章内容介绍

这部分简要地介绍了各章的主要内容，旨在帮助读者了解全书的概况。本书分为两个部分：第一部分论述的是竞争，第二部分论述的是战略。

第一部分　什么是竞争

我在本书的第一部分就开始论述竞争，原因很简单：如果没有竞争，就不需要有战略。竞争是一个残酷的过程，迫使企业不断发现其竞争优势并维持这种优势。在第一部分中，我们将为论述战略进行铺垫，主要对竞争做详细阐述，摒除那些关于竞争和竞争优势的理念误区。这些理念在当前备受欢迎，却具有误导性。

第一章　竞争：要有正确的思维

人们对什么是竞争以及如何竞争存在错误的观念，这导致了战略上的失误。最常犯的错误就是认为只有"要做最好"才能在竞争中获得成功。这种思维很直观，而且合情合理，然而却可能导致使所有竞争者都陷入深渊的零和竞争。实际上，只有进行"要争独特"的竞争，一家组织才能取得持续的、卓越的业绩。

第二章　五种力量：为利润而竞争

在这一章，我们会了解到，竞争不仅仅是竞争对手之间角逐到底谁能把产品卖出去这样简单而直接的争夺赛。竞争是更广泛的利润之争，是看谁能赚取一个行业所创造的价值的激烈拉锯战。波特最著名的五力分析模型可以帮助你直观地了解各个行业为争夺利润而展开的竞争。评估任何行业、企业的竞争环境都得先用到这个模型。用五力分析模型判定一个行业是否有吸引力并不是重点，但很多人都是这么认为的。实际上，采用这个模型的目的是帮助你深入了解你所在行业的状况和自身的业绩水平。

第三章　竞争优势：价值链与损益表

现今的企业管理者使用"竞争优势"这一术语时很随意，真可谓哪里需要哪里搬。而波特则基于经济的基本面更加严格地定义了这一术语。如果你正确地理解了什么是竞争优势，那么就会明白你所创造的价值、如何创造价值（价值链）以及你的业绩（损益情况）之间的确切关联。人们通常认为，竞争优势是用来击败竞争对手的武器。对波特而言，竞争优势的本质就是创造价值，并且要以独树一帜的方式创造价值。在这种意义下，竞争优势可以使你的价值链与众不同，损益情况也要好于行业平均水平。

第二部分　什么是战略

第二部分回答了"什么是战略？"这个问题。你可以称任何规划或计划为战略，大多数人也是这样使用这个词的。但是，只有卓越的战略才可以成就卓越的业绩，这才是真正意义上的战略。从广义上讲，战略是竞争的"解药"。具体而言，卓越的战略必须通过五项基本测试。

第四章　战略的核心：创造价值

企业在竞争中占据一个与众不同的位置意味着什么？显而易见的答案是，这样企业可以为其客户提供独特的价值主张。实际上，这是对战略的第一项测试。但是波特的第二项测试既不显而易见，也不直观。价值主张需要通过一系列缜密、有组织的经济行为才能实现，只有当所开展的经济行为与竞争对手有所区分时，一个独特的价值主张才能转化为有意义的战略。竞争优势只有通过经济行为才能实现，要么你开展经济行为的方式与对手有所区别，要么就是施行的经济行为与对手不同。因此战略需要通过的第二项测试是：量身定制的价值链㊀。

第五章　战略的关键：适当取舍

战略需要通过的第三项测试可能是最难的，因为进行取舍意味着不得不接受某些限定。例如，为了更好地为某些客户服务，就要对另外一些客户说"不"。当各种选择无法并存、无法兼容时，就需要进行取舍。成功的战略会吸引很多人效仿，因此难以被复制的选择至关重要。实际上，有些人认为竞争优势不可能持久地保持下去。这种论调是错误的，因为进行取舍、做出好的选择是可以持续保持竞争优势的。应该说，做出取舍是战略的经济支柱，原因有两个：首先，它在很大程度上造成竞争对手之间价格和成本的差异；其次，它使竞争对手很难在不影响自身战略的情况下对你的企业的做法进行效仿。

第六章　战略的拓展：协同契合性

战略需要通过的第四项测试是协同契合性测试，即检测价值链中的各经济行为是否关联得紧密、合适。在某种程度上，协同契合性的观念是非常直观的。企业高层都知道，在商业竞争中要协调好

㊀ 根据波特的理论，价值链由各种经济行为构成，而独特的经济行为就形成了量身定制的价值链，详见后文。——译者注

各业务板块是至关重要的，并且具有一定的难度。但是，协同契合性不仅仅是简单的协调调整，它还能扩大竞争优势并使其更具可持续性。它在战略方面的作用反衬出另外一种很普遍的错误观念：要想在竞争中获得成功，就必须有一个**核心竞争力**，也就是你做得很好的**一件事**。但好的战略要协调好**多个**事物之间的关系，做出**相互依存的**选择。企业管理者经常会收到的一个建议是：集中精力搞核心竞争力，其他的业务外包给别人去做。协同契合性对这一传统观念提出了挑战。

第七章 战略的引擎：持续性

竞争是动态的。众所周知，有很多曾经不可一世的大企业因为没有做出变革而日渐衰退。但是，我们还是要关注持续性，尽管这个词没什么新意。现在人们往往关注那些基本没有做出改变的企业，而波特的第五项测试则聚焦于那些犯了同样大的甚至可以说是更严重的错误的企业，这些企业变革的步伐过大，而且方向错误。形成真正的竞争优势、理解企业创造的价值、实现有针对性的竞争、做出正确的取舍并兼顾内在的协同契合性都需要时间。如果你把握了持续性在战略上的作用，它将改变你对变革本身的看法。看起来有点矛盾的是，战略的持续性能够改善一个组织的适应能力和创新能力。

结语 波特理论对实际应用的十个启示

这部分对本书的内容以及波特主要观点在实践中的应用进行了高度总结。

本书除了正文内容以外，结尾处还包括一些独具特色的内容。

迈克尔·波特访谈录

这部分内容必读，因为在访谈中波特回答了最常被经理们问到的关于竞争和战略的问题，其中包括：战略的最大障碍是什么？企业最常犯的错误是什么？如何在保持战略的情况下实现增长？你应该如何看待颠覆式创新和新的商业模式？

波特术语录：阐述关键概念

这部分用通俗易懂的语言阐述了关键概念，并为那些在读完本书所涵盖的内容后希望继续探究的读者提供了一些阅读建议。

关于商业案例的说明

在向读者介绍波特的理论框架时，我采用了大量的商业案例。这些案例是一把双刃剑，一方面为波特的思想理念赋予了生命力，让它们在有血有肉的企业机构内得以付诸实践；但是，另一方面，正如血肉之躯会迅速老化，这些案例也很快会不合时宜。可能这本书的纸质版或电子版刚上架，书中的案例就已跟不上事态的变化了。例如，当我还在写一家企业所面临的竞争困境时，这家企业却宣告破产了。可这个故事仍旧保留在书中，因为它表明了我的观点。但是，需要强调的是：我撰写本书的目的是传达那些永恒不变的准则，即使案例的实际情况有所变化，准则却不会改变。竞争是残酷的，即使出类拔萃的公司也会犯错。好的战略可以持久，但没有哪个战略可以保持永久的生命力。

那么就出现了一个问题，需要列举哪些实例呢？波特审阅了本书的几稿，一直敦促我增加更多的带有数据的实例。但本书不是一本教科书，对于那些更想锻炼数据分析能力的读者，我会推荐一些非常好的资源。波特有一个重要的观点：制定战略需要清晰的分析性思维。诚然，战略并非将火箭送上太空的难事，但是思维不清的人也绝对应付不了。要进行量化的数据分析，就得非常精确。话虽如此，但当我们引用企业和市场的数据时，还是会出现案例跟不上事态发展的情况。在本书中，我希望已经囊括了足够多带有数据的案例以清晰明了地阐明波特的观点。例如，在某些段落中，我引用了精确的数据来反映一家公司的相对成本优势或者这家公司服务的客户数量，我几乎可以保证，当你阅读此书时，这些数据已经发生了变化。那么，我为什么还要提供一些可能不准确的数据呢？因为我想说明战略是以事实为依据的，而且它本应如此。

目 录
CONTENTS

致 谢

导 言

第一部分 什么是竞争

第一章 竞争：要有正确的思维 / 3

为何不是"最好" / 5

竞争就是要争独特 / 14

第二章 五种力量：为利润而竞争 / 19

行业结构分析：一个更有力的工具 / 22

评估五种力量 / 23

为什么只有五种力量 / 36

五种力量对制定战略的重要意义 / 39

行业结构是动态的 / 45

第三章　竞争优势：价值链与损益表 / 47

经济基本面 / 48

价值链 / 57

战略意义：波特的勇敢新世界 / 68

你能找到获得竞争优势的方法吗 / 71

第二部分　什么是战略

第四章　战略的核心：创造价值 / 77

第一项测试：独特的价值主张 / 78

第二项测试：量身定制的价值链 / 89

第五章　战略的关键：适当取舍 / 104

什么是取舍 / 105

为什么需要取舍 / 111

真正的取舍让效仿者无计可施 / 112

选择不做的事情 / 121

第六章　战略的拓展：协同契合性 / 125

什么是协同契合性 / 126

协同契合性如何发挥作用 / 131

协同契合性与核心竞争力 / 136

协同契合性增强了战略的持续性　／139

第七章　战略的引擎：持续性　／143

为什么持续性必不可少　／145
战略的持续性包括什么　／149
战略的出现和战略的发展　／159
持续性悖论　／165

结　语　波特理论对实际应用的十个启示　／167
迈克尔·波特访谈录　／170
波特术语录：阐述关键概念　／195
注释和资料来源　／207

Understanding
Michael Porter

第一部分

什么是竞争

战略诠释了一家企业在面临竞争时如何实现卓越的业绩。但是竞争到底是什么？如何竞争？企业管理者对于竞争和竞争成功的本质都需要了解什么呢？卓越业绩的准确定义是什么？这部分内容将回答这些基本问题。

首先，要有正确的思维。企业管理者通常视竞争为一种没有硝烟的战争、一场零和争霸战，而胜利者只有一个。我们将在第一章中发现，这是一种有严重缺陷的、有破坏性的思维方式。事实上，对企业和非营利组织而言，在竞争中获得成功的关键在于组织创造独特价值的能力。对此，波特开出的处方是：我们"要争独特"，而非"要做最好"。竞争的核心在于创造价值，而不是打败对手。

其次，要进行正确的分析。卓越的业绩从何而来？波特给出的答案可以分为两部分。第一部分是**行业结构**（竞争就发生在行业结构中），这也是第二章的主题。"竞争就是要争独特"这一理念意味着企业要根据特定且重要的竞争对手做出选择，而行业结构决定了其创造价值的如何分配，故而波特就选择从行业结构开始谈起。波特的五力分析模型诠释了行业结构的相关内容以及一家仅仅达到"平均"水平的企业预期的盈利能力。

第二部分是企业在行业内的**相对地位**。战略定位反映了企业选择创造什么价值以及如何创造价值。在这里,竞争优势和价值链是相关的分析框架。在第三章中,我们将了解企业的价值主张、价值链及损益表之间的联系。

这些核心理论框架为战略奠定了基础:它们解释了为什么不同行业的盈利水平差异巨大且这种差异一直存在,以及为什么在一个行业内,一些企业可以比其他企业做得更好。这些有关竞争的经济基本面的理论为战略奠定了基础。

第一章
CHAPTER 1

竞争：要有正确的思维

战略是最容易让人犯错误的商业理念之一。为什么呢？因为尽管大多数企业管理者都认同战略分外重要，但当你开始关注该术语的使用时，很快就会怀疑它是否有任何实质性的意义。通用电气首席执行官杰克·韦尔奇是位传奇人物，他的粉丝们支持他的理念：战略就是成为业界第一或第二（否则就不做！）。对一家《财富》100强公司的新任首席执行官而言，战略是"增长"；对一家能源公司的高管而言，战略是"进行关键性收购"；一位软件开发人员说，"我们的战略是以人为本"；一家著名的非营利组织的战略是"让我们服务的人数翻一番"。接着还有谷歌著名的战略——"不作恶"，但是，这是战略吗？

等你看完这本书后，就会明白为什么上述均算不上是"战略"。波特认为，战略是"一种可以保持卓越业绩的好的竞争战略"的缩略语。而上文所谓的战略均不能告诉你究竟是什么能让组织在竞争中制胜。它们有的是在告诉你组织的目标或抱负，有的只是在强调关键行动，还有的只是在突出组织的价值观。但这些都没有真正触及核心问题，即"面对竞争如何表现"。你的组织将创造什么价值？你将如何从中争取自己那部分的价值？迈克尔·波特告诉我们，战略的意义就在于此。

战略诠释了一个组织在面对竞争时，如何取得卓越的业绩。 该定义看似浅显易懂，实则不然。一部分原因是我们太熟悉这些词语了，基本不会停下来思考它们到底是什么意思。但是，如果你思考片刻，很快就会意识到该定义中的术语都是有深意的。什么是竞争？如何竞争？组织如何"获胜"？"卓越的业绩"到底指什么？

> **战略诠释了一个组织在面对竞争时，如何取得卓越的业绩。该定义看似浅显易懂，实则不然。**

大多数企业管理者对竞争感到惶惶不安。他们知道竞争无处不在。他们坐立不安，感觉竞争就在一旁对他们虎视眈眈。但他们知道，为了企业的生存，就必须应对竞争；为了企业的蓬勃发展，就必须找到"竞争优势"——这一术语在被波特普及前很少有人使用。现在有很多公司未能制定出好的战略，波特告诉我们，出现这种情况的原因之一是公司高层对"什么是竞争"以及"如何竞争"产生了根本性的误解。这个前提很关键，因为如果没有竞争，就不需要制定战略，也不需要想出"制胜"的方式超越竞争对手。当然，竞争无所不在，即使在主要由非营利组织服务的"市场空间"中亦是如此。

如何看待竞争将决定你选择如何竞争，对竞争的看法在很大程度上会影响你对各种选项的评估以及最终选择。这就是为什么在我们谈论战略之前，需要先解决竞争和竞争优势的问题。

为何不是"最好"

2010年通用汽车上市的那天，"新"通用的首席执行官丹·阿克森接受采访时表示，公司已经摆脱了遗留成本的问题，现在已经做好准备参与竞争。他对记者说："愿最好的汽车获胜！"你是不是经常会听到某个组织的领导敦促其员工做到"最好"？是不是经常会听到让你的公司成为"业内最好"的号召？各公司自豪地宣称自己生产"最好"的产品，提供"最好"的服务，并吸引"最好"的人才。这些说法反映了人们有关竞争本质的基本观念，乍一听很正确，几乎没有被细究或质疑过。如果你想赢，很明显，你就应该是最好的。然而，情况真的是这样吗？

对上述行为，迈克尔·波特称之为"要做最好综合征"。而且，他会告诉你，这绝对是对竞争的错误看法。如果你从一开始就陷入这个误区，那么你会不可避免地制定有缺陷的战略，导致业绩不佳。

对大多数企业管理者来说，"要做最好"即为竞争的全部内容，而现在很流行将竞争比喻为战争和体育竞技，这又强化了这一观点。企业管理方面的作家以及试图激励下属的领导者也都喜欢使用这些隐喻，因为它们既生动形象，又吸引眼球。这些隐喻将战争和体育竞技中充斥的情感、戏剧性以及因果带给了商业竞争。但是隐喻可能会有误导性，尽管它们强调某一事物如何具有与另一事物相似的元素，但绝不意味着二者相同。

在战争中，只能有一个胜利者；要想取得胜利，就必须削弱甚至摧毁敌方。但在商界，你可以在不消灭竞争对手的情况下制胜。举个例子：几十年来，沃尔玛一直是折扣零售业的大赢家，而塔吉特（Target）亦是一位胜利者。两家公司提供的商品各具特色，旨在满足不同的客户需求。沃尔玛好似吃苦耐劳的劳力马，为普通顾客提供"每日低价"；塔吉特更像一匹展示马，吸引那些有些小想法的顾客，他们希望购买既能显示品位又价格亲民的商品。在商业领域，可以有多个赢家共同蓬勃发展。竞争的重点更多是满足客户需求，而不是摧毁竞争对手。看看周围吧，既然有比比皆是的需求，那就有数不胜数的制胜途径。

将竞争比喻为体育竞技同样具有误导性。运动员相互角逐，就是为了看看谁是最好的，谁能被冠以"最佳"的桂冠。他们专注于超越竞争对手，竞争的目的就是要取得胜利。在体育世界，一个项目的比赛只能有一次且只有一套规则，以及一位获胜者。而商业竞争更为复杂，没有那么多的条条框框，而且更为多维。在一个行业内，可以针对需要服务的客户，根据他们的需求开展多项竞赛，而非仅有一次竞赛。麦当劳是快餐的赢家，尤其以汉堡快餐而知名。而In-N-Out汉堡的生意亦蒸蒸日上，凭借的是它的特色汉堡，这种汉堡出餐缓慢，不是传统意义的快餐。但是喜爱它的顾客很乐意在点餐后等待新鲜的肉饼被烹制后，夹入店里自制的面包内，然后被端上餐桌。这可能需要十分钟或更长的时间，如果用麦当劳的标准衡量，出餐时间简直太漫长了。正如波特所说，在商业竞争中，企业可以选择特色经营，创造自己的竞赛，没有必要非得参加特定的比赛，与特定的竞争对手一决高下。

一个人的思维定式很难被打破，如果你尚未意识到自己已经养成了某种思维定式，那么破除它更是难上加难。这也是**"竞争就是要做最好"**这种思维的问题所在。它通常是一种隐性的思维方式，并没有非常明确的表现形式。人们理所当然地认为"竞争就是要做最好"就是竞争的本质。但波特认为，这种观念不正确。在绝大多数行业中，根本就没有"最好"的东西。想想吧，有没有最好的汽车？有没有最好的汉堡包？有没有最好的手机？

> 在绝大多数行业中，根本就没有"最好"的东西。

可以用为机场候机厅提供座椅这一非常普通的业务来说明这个问题。你可能会认为一定会有"最好"的座椅——功能良好、持久耐用的标准化座椅。哎？如果你这样想的话，可就错了。其实，不同的机场有不同的需求。有些机场希望候机的乘客在这里买买买，所以座位可不能太舒适；有些机场需要灵活配置候机区，一排排固定的长座椅可不符合需求。很多机场不得不严格控制其支出，而某些机场不差钱。例如，很多中东的机场一直是豪华设计产品的大买家。还有一些机场负责运输、中转源源不断地被驱逐的难民，它们喜爱特别"扛造"的座位。总部位于伦敦的 OMK 公司就生产"值得监狱拥有"的座椅，乃业界最高标准，采用自密封聚氨酯制造，刀划不留痕。所以，没有什么"最好"的机场座椅，只是针对不同客户的需求罢了。好了，关于是否有"最好"的机场座椅就说到这吧。

接着，我们再来想想国民经济中的各行各业。"竞争就是要做最好"这种想法在多少行业能真正行得通？在大多数行业中，客户多种多样，他们有着不同的需求。对同一家酒店的住客来说，有的人觉得这是最好的酒店，有的人却觉得这里很一般；对于进行同一桩交易的顾客，有的人觉得这是最好的交易体验，有的人却觉得一般。也没有什么最好的美术馆，亦无促进环境可持续发展的最好途径。

进行生产、运营物流或市场营销时，也没有绝对的最好。对于一家非营利组织，同样没有什么最好的方法来筹集资金或吸引志愿者。其实，是不是"最好"总是取决于期望达到的目标。因此，"竞争就是要做最好"的第一个缺陷是，如果一个组织立志要做最好，那么它就为自己设定了一个不可能实现的目标。

"竞争就是要做最好"还有其他缺陷：如果所有竞争对手都追求以"同一种最好的方式"竞争，就会发现在此过程中充满磕磕碰碰。行业内的所有人都会听取相同的建议，遵照同样的"处方"，各公司都以对方的做法和产品为基准规范自己的行为，生产自己的产品（参见案例"胜人一筹并非战略"），那么，"竞争就是要做最好"不可避免地会导致一场破坏性的零和竞争，在这场竞争中，没有赢家。随着提供的产品日益趋同，一家企业获得的收益就变成另外一家企业的损失，这就是"零和"的本质——只有你输了我才能赢。

> 如果所有竞争对手都追求以"同一种最好的方式"竞争，就会发现在此过程中充满磕磕碰碰。

航空业在过去的几十年里一直陷在这种竞争困境中不能自拔。假如美国航空公司（American Airlines）在其纽约至迈阿密的航线上试图通过提供免费飞机餐赢得新乘客，那么达美航空（Delta）也会被迫效仿。这种情况下，两家航空公司的经营状况均将不如从前。双方都会产生额外费用，还无从收取，另外，谁的客源也不会变多。在航空业，每当一家公司推出新举措时，其竞争对手马上就会跳出来跟上。当每家公司都争夺同一位客户时，每笔交易都是一场竞赛。

波特说，这就是**竞争趋同**。随着时间的流逝，一个又一个的不同之处消失殆尽，竞争对手开始变得相似。最后，顾客只能根据价格进行比选。这在很多行业都比较普遍，包括消费类电子产品、个人电脑等领域。苹果公司是个例外。在业界，苹果公司一直坚定不移地走自己的路。

这种无差异的竞争不可避免地会导致各方陷入价格战，无人幸免，最后也没有赢家。在这种情况下，受影响的并不仅仅是生产商，当所有竞争对手都在争夺资源、削减成本时，顾客、供应商以及企业员工也会遭受连带损失。一般情况下，如果其他方式的竞争均已消失，而仅存的价格竞争又蚕食了整个行业的利润时，通常的补救措施是通过企业间的兼并来限制竞争。公司互相吞并，从而减少了竞争对手的数量，只剩下一个或几个公司主导市场。

胜人一筹并非战略

1999年，"酒店床具大战"的第一枪打响了。威斯汀酒店在长达一年的时间里，对床垫、枕头和床单进行了一系列测试，投入了数千万美元,率先推出了酒店业的第一套定制款品牌床具——Heavenly Bed。威斯汀的一位高管表示:"我们希望在酒店竞争中脱颖而出。"

正如你所预料的那样,威斯汀的竞争对手很快就做出了回应,它们各自推出新的床具,并在房间里放置了更多的枕头,让住客享受到更为柔软舒适的床上用品。希尔顿酒店推出了Serenity Bed,万豪酒店推出了Revive Collection,凯悦酒店推出了Hyatt Grant Bed,丽笙酒店推出了Sleep Number Bed,皇冠假日酒店推出了优质睡眠项目(Sleep Advantage Program)。

2006年,新闻媒体宣布这场"床具大战"已经结束,但在此之前威斯汀的每个竞争对手均已投入巨资研发、安装并推广自己的品牌床具。现在,住在这些豪华酒店的客人们都可以放心,各酒店的"床具品质"已经没有什么差别。其实,类似的情况时有发生,一家公司试图做到"最好"的举动迫使每家公司都跟风而上,最终提高了整个行业的标准。在这种竞争方式下,酒店业的长期盈利能力一直很低也就不足为奇了。我们将在第二章中更深入地探讨这一主题。

在这种情况下,酒店业整体投资更新升级床具,抬高了住宿价格,但它们是否真正从该投资获益了呢?相关报告喜忧参半。如果酒店没有获得投资的收益,那就是住店的客人获益。然而,即使更新升级床具这一特定举动使酒店业受益,但当所有竞争对手都在同一维度竞争时,谁都没有竞争优势。

要么成为第一，要么成为第二

要么成为业界第一，要么成为第二，否则就别做。这是通用电气前首席执行官杰克·韦尔奇的"警世名言"，可以说，这只是"竞争就是要做最好"最有影响力的版本之一，该理念也被称作"赢家通吃"。这种竞争模式是指企业要不断扩大规模，最终通过主导其行业来取胜。如果规模驱动企业在竞争中迈向成功，那么增长对于获得市场份额和提升市场销量就至关重要。企业追求规模经济和范围经济，因为它们相信这些对确立竞争优势和提高盈利能力起决定性作用。

当然，这种观点还是有一定道理的，但正因如此，它才如此危险。大多数企业可以实现规模经济效应，做大也的确会有优势。在韦尔奇时代，通用电气的一些大规模业务板块也确实如此。但是在你认为规模总是越大越好之前，要针对自身企业进行数据分析，这至关重要。我们选定某个目标常常是因为它听起来好，却罔顾企业的经济状况能否支持实现该目标。波特注意到，在各行各业，如果一家企业的产品销量占该行业市场份额相对较小，那么它的规模经济效应就不能显现出来。没有强有力的证据表明行业的领头羊是最赚钱或者最成功的公司。举一个众所周知的反面实例：数十年间，通用汽车一直是全球最大的汽车生产商，然而，这一事实并没能让它免于陷入破产的境地。如果说规模在某种程度上的确重要，那么更准确的说法可能是通用汽车就是因为规模太大而无法成功。让我们再看看宝马汽车，虽然按照行业标准来衡量，它的规模较小，但

> 它一直以来都有丰厚的回报。2000～2009年，其平均资本回报率比汽车行业平均水平高出50%。
>
> 企业的规模只需要"足够大"，这并不意味着就要独领风骚。通常"足够大"的企业也仅占10%的市场份额。然而，在"赢家通吃"观点的影响下，企业往往竞相追逐虚幻的规模优势。这样一来，它们会通过降低价格来提高销量，过度扩张以服务于所有细分市场，并追逐定价过高的兼并与收购，这些做法都可能损害企业自身的业绩。在过去的几十年中，汽车行业已经上演了上述的一幕幕景象，产生了灾难性的后果。
>
> "赢家通吃"的模式错误地假定一个行业只有一条规模曲线，所有企业都必须顺应这一曲线向下滑动。㊀也就是说，它假设所有竞争对手都在竞相提供无差别的最佳产品或最优服务。而在现实中，大多数行业呈现的是多条规模曲线，每条曲线均是根据不同的需求生成的。

难道"竞争就是要做最好"的理念对消费者不好吗

古典经济学理论提及"完全竞争"时是这样说的：竞争对手势均力敌，售卖的产品不相上下，导致价格下降，利润降低。波特认为，这就是"竞争就是要做最好"的本质。按照经典理论，完全竞争是促进社会福利最有效的方式。经济学基础课程教授的就是：对消费者有

㊀ 规模曲线表明生产成本随着生产总量的变化而变化。下行的成本曲线意味着生产总量越高的企业，其单位成本越低。

利的事情（降低价格）对公司不利（降低利润），反之亦然。

相对上述简单而直接的经济理论，波特对企业为"要做最好"而竞争的过程进行了更为细致而深入的解读。他发现，竞争对手竞相效仿对方的产品，赶超对方的服务，确实可能会拉低价格，让消费者受益，但是也有不利的一面：由于产品和服务的相似性，消费者就没有了选择的余地。当一个行业的产品和服务围绕标准而趋同时，"普通"顾客可能感觉还可以。但是别忘了，这些"普通"顾客其实是由被平均的两部分组成的，一部分顾客要求更高一些，另一部分顾客要求更少一些。对这两部分顾客中的某些人来说，如果按照平均标准来对待，他们的需求是无法被满足的。

某些顾客可能会被过度服务，说得明白点，就是他们得为不需要的功能支付更多费用。写到这里时，我不禁想起我所使用的文字处理软件，还有我厨房中的大多数烹饪电器。我是一位职业作家，也是一名厨艺精湛的做饭高手，但我所使用的文字处理软件和烹饪电器让我感到复杂难懂，而且好多功能都用不上。当这些产品变得越来越复杂时，它们也更容易面临代价高昂的失败。

而另外一些客户的需求可能没有被满足。你上次乘坐飞机是什么时候？确实，航班将你带到了目的地，满足了你最基本的需求，但那是一次愉快的经历吗？你渴望再飞一次吗？

当消费者的选择自由被限制时，产品或服务的价值也往往会受到损害。作为消费者，你或者迫不得已地为你不需要的额外功能支付过高的费用，或者无可奈何地接受那些既定的产品或服务，即使它们不能满足你的全部需求。

对公司而言，情况也好不到哪里去。由于所有的公司都朝着一个目标迈进，因此很难长期保持领先地位，即使存在竞争优势，也如昙花一现。公司付出了巨大的努力，它们提高了产品质量，增加了支出，但利润率却差强人意。长期盈利能力低下又会影响未来的投资，从而更难为消费者提高产品或服务的价值，也更难抵御竞争对手。

因此，在现实生活中，无论是对消费者抑或是对为消费者服务的公司而言，齐头并进的竞争很少是"完美的"。波特不无担忧地指出，正是这种零和竞争的理念在管理中越来越占据主导地位。

竞争就是要争独特

波特认为：战略竞争的主旨就是要选择一条与众不同的道路。企业竞争的目的不是为了"要做最好"，而是"要争独特"，各个企业都有能力这样做，也应该这样做。"竞争就是要争独特"这一概念的核心是价值，具体地说，就是你所创造的价值要独具匠心，创造价值的方式也要独辟蹊径。例如，2008年之前，如果想从马德里到达巴塞罗那，你可以选择短途飞行，也可以花几乎一天的时间开车或乘坐普速列车。据统计，来往于马德里和巴塞罗那之间的600万位旅客中，大约有90%选择了乘坐飞机。到了2008年，旅客又有了一项新选择——搭乘高速列车。尽管高速列车的费用比低成本的航空公司还要高，但大量的客源还是从航空公司转移到了高速列车。

> 战略竞争的主旨就是要选择一条与众不同的道路。

从马德里到巴塞罗那，既可以乘坐飞机，也可以搭乘高速列车，但是高速列车提供的服务创造了一种独特的价值。西班牙高速铁道（Alta Velocidad Española，AVE）可以带你从一个城市的中心前往另外一个城市的中心，列车内有每位乘客专属的可调节靠背座位，旁边设有电脑接口，并配备餐饮服务及娱乐设施。现在你可以对现代航空旅行的烦恼说再见啦，再也不需要进行烦琐的机场安检、担忧随身行李的限制以及无可避免的延误。对节能环保的人士而言，西班牙高速铁道还有另外一个好处：其碳排放量比航空飞行或自驾要低得多。这些不同之处，也就是独特性，是竞争优势的本质，我们将在后面的章节中详细探讨这个主题。西班牙航空公司的高管们在此之前可能一直认为他们的竞争对手是其他的航空公司，但实际上，旅客显然并不这样认为——价值最终是由消费者定义的。

"竞争就是要争独特"反映的是另外一种心态和对竞争本质的不同思考方式。在这类竞争中，企业寻求独特的竞争方式，以满足不同的客户和不同的需求。换句话说，竞争重点是为选定的客户创造更高的价值，而不是争先效仿竞争对手。在这种情况下，客户有很多选择，所以价格只是影响销量的众多因素之一。一些企业，例如先锋集团或宜家家居，采取低价战略。还有些企业，诸如宝马汽车、苹果公司及四季酒店等，它们的产品或服务领异标新，价格较高。总而言之，消费者可以根据他们自己对这些产品和服务的价值的衡量去选择购买。

"要争独特"的竞争与你死我活的战争不同，一家企业的成功并不需要对手的失败。同样，将这种竞争比喻为体育竞技也不合适，因为每家企业可以选择根据自身情况，创造自己的"赛事"。其实，我们可以将"要争独特"的竞争比喻成艺术表演,这比战争或体育竞技更为恰当。艺术领域有很多优秀的歌手或演员,他们百花齐放、各显身手,满足不同品位的观众。优秀的表演者越多,吸引的观众就越多,艺术也就越繁荣。这种价值创造才是正和竞争(positive-sum competition)的本质。

零和竞争是一场逐底竞赛,最后会导致所有竞争者陷入深渊,而正和竞争的结局则要好得多。当然,并不是每家公司都会成功,竞争会淘汰业绩不佳的企业。总的来说,在正和竞争的环境下,做得好的企业可以获得持续的回报,因为它们创造了更多的价值;非营利组织及时有效地满足了需求,因而可以做更多的善事;而消费者也有了更大的选择空间,使自己的需求得到真正满足。由此,"竞争就是要做最好"的企业依赖效仿而苦苦支撑,但"竞争就是要争独特"的企业则凭借创新而蓬勃发展。

"竞争"在这里是作为一个单数名词使用的。但波特提醒我们:在现实中,行业多种多样,竞争形式也五花八门。而在这些竞争形式中,一个极端是"竞争就是要做最好",另一个极端就是"竞争就是要争独特"。《蓝海战略》是一本很流行的经管类书籍,书中将红色的海洋(简称"红海")比作竞相效仿、亦步亦趋的市场竞争环境,将清澈的蓝色海洋(简称"蓝海")比作竞争无关紧要的市场环境。我想指出该书作者的两个误区:首先,它错误地把波特描绘成血腥的"红海战略"的拥护者,而事实上,波特的著作所强调的理念恰恰与之相反;其次,如果正确地理解了竞争,就应该知道竞争从来都不是无关紧要的。大多数行业内的竞争形式都介于波特所描述的"竞争就是要做最好"和

"竞争就是要争独特"这两个极端之间,并且在不同程度上表现出这二者的特征。诚然,理论框架能帮助我们看清重要的模式,但实际的情况更为纷繁芜杂。

但是波特对这两种截然不同的竞争方式的区分(见表1-1)对企业管理者有着非凡的指导意义。各行各业的企业到底是走零和竞争还是走正和竞争的道路并不是提前设定好的。无论是高科技行业还是科技含量低的行业,无论是服务业还是制造业,每个行业并没有什么内在的因素决定其行业命运。当然,有些行业确实比其他行业面临着更严峻的经济挑战,但是它们的发展道路也同样是企业管理者选择(战略选择)的结果。错误的选择会导致逐底竞赛,而正确的选择会促进良性竞争,激发创新思维并刺激行业增长。

表1-1 正确的竞争思维

竞争就是要做最好	竞争就是要争独特
成为业界第一	获取更高回报
注重市场份额	注重利润
用"最好"的产品服务"最好"的客户	满足目标客户的多种需求
竞争者竞相效仿	竞争者竞相创新
一场没有赢家的零和竞争	有多个赢家、多场竞赛的正和竞争

波特在其著作中指出,"要争独特"的竞争可以改善人们所从事的几乎所有领域的状况,但前提是企业管理者必须明白他们的选择会影响其所在行业的主要竞争形式。做这些选择的风险很大。

企业管理者的工作复杂繁多,难怪他们中的很多人渴望能够化繁为简——要是只需要一个秘诀便能成功就好了。这是一种快餐式的商业思维,我们要提防那些声称只需要一种方式就可以制胜的人。波特认为，如果真的存在唯一一种最好的竞争方式，那么即便不是全部的企业都会采纳它，也一定会有很多企业争相实践。但这种竞争方式不会有什么好的结局，最好的结果是竞争各方陷入僵局，最坏的结果是大家玉石俱焚。现实中的竞争是多维的，战略是从多维角度进行综合决策，而不是仅从一个角度。每个行业、每家企业的选择各不相同，没有哪一个秘诀可以放之四海而皆准。

然而，这并不意味着制定战略就可以随心所欲。相反，有一些基本原则可用于分析竞争形势并确定哪些选项可行。我们将在接下来的两章阐述这些基本的经济原则，深入挖掘取得卓越业绩的根源。

为什么有些公司比其他公司更赚钱？这是我们将要探讨的一个大问题。答案有两个部分。首先，行业结构会使公司受益或受损；其次，公司在行业内的相对地位对其盈利能力的影响更为突出。我们将在第二章和第三章对这两部分内容进行进一步阐述。下一章的主题是如何理解行业结构在竞争中的作用。

第二章
CHAPTER 2

五种力量：为利润而竞争

我们在上一章讨论了人们对竞争经常抱有的一种误解：认为"要做最好"才能成功。在本章，我会探讨另外一个重大误解：大多数人认为竞争就是对手之间的直接较量。如果你查字典，就会发现这个词的标准定义就是这样的。苹果公司想卖给你它的 iPhone 手机，RIM 公司（Research In Motion）向你大力宣传它的黑莓手机，这两家公司相互竞争，都想让你去购买自家的智能手机。同样，雅马哈公司与施坦威公司（Steinway）相互竞争，都希望你去买自家的钢琴，宝马和奥迪亦竞相向你推销汽车，而凯悦酒店和威斯汀酒店也各自发力，争取你这位客户。

但是这种竞争思维太过狭隘。其实，竞争的实质既不是要打败竞争对手，也与赢得一份销售订单无关，而在于赚取利润。各方为赢得利润而展开的竞争尤为复杂，这场竞争涉及的范围很广，不仅仅有竞争对手，还包括多方参与者，大家相互竞争以赚取所在行业创造的价值。企业的确与竞争对手争夺利润，但在实际竞争中，还有其他竞争参与者：企业与客户争夺利润，因为客户总是希望能付更少的钱，获得更多的产品或服务；企业与供应商竞争，因为供应商总是希望能收到更多的货款，交付更少的货物；企业与可以生产替代产品的生产厂家竞争；企业既与现有的竞争对手竞争，也与潜在的竞争对手竞争，因为即使是新进入者也会对既有企业能获得的利润产生冲击。

> **竞争的实质不是要打败竞争对手，而在于赚取利润。**

行业结构是一个相当重要的概念，它听起来似乎很学术，但实际并非如此。决定行业结构的是五种力量：现有竞争者的竞争程度、买家（行业客户）的议价能力、供应商的议价能力、替代产品的威胁和新进入者的威胁（见图2-1）。如果你观察一栋建筑，例如一所房子、一间教堂、一个仓库，任何建筑都可以，了解其建筑结构你就会知晓它的用途、使用情况以及各处的构造。可又是什么决定了建筑结构呢？很普通，就是地基、墙壁和屋顶。同样，你可以通过了解一个行业的结构来获取有关该行业的重要信息。波特五力分析模型可以让你很快领会到一个行业是如何运作的，是如何创造价值并分配价值的，也解释了行业如何盈利。

行业结构和盈利能力之间到底有什么联系？波特对此进行了研究，而他的研究成果挑战了一些当下流行的理解误区。事实上，波特发现：

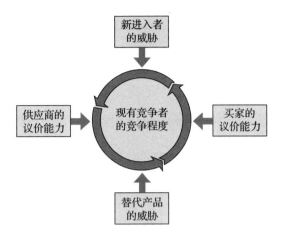

图 2-1　行业结构：五种力量

资料来源：Michael E. Porter, "The Five Competitive Forces That Shape Strategy," *Harvard Business Review*, January 2008, 78-93. Copyright © 2008 by Harvard Business Publishing.

- 第一，尽管从表面上看，行业之间不尽相同，但所有的行业都受到相同力量的制约。无论是广告业还是拉链制造业，抑或是其他所有行业，均受到上述五种力量的影响，只不过在不同的行业，每种力量的作用强度和重要性大小不同。
- 第二，行业的盈利能力主要是由行业结构决定的，尽管很多人想当然地认为，行业的盈利能力是由行业的增长速度、高科技含量、受到的监管力度、属于制造业还是服务业决定的。
- 第三，行业结构一直比较稳定，这点确实有些出乎意料。尽管人们普遍认为现在商业世界变化很快，但波特却发现一个行业一旦度过构建结构的初生阶段后，其结构往往会随着时间的推移变得相当稳定。尽管新产品屡见不鲜，新技术层出不穷，事情总是在发生变化，但**结构性的**变化需要很长时间，这就意味着一个行业的平均盈利能力的变化通常也需要很长一段时间。

行业结构分析：一个更有力的工具

任何想要评估或制定战略的组织都可以先试试这个五力分析模型。我们在上文中提到过：战略诠释了一家企业在面临竞争时如何实现卓越的业绩。五力分析模型聚焦你所面临的竞争，并提供了衡量卓越业绩的基准。它说明了一个行业的平均价格和平均成本，也说明了行业的平均利润率这一企业一直致力超越的目标。在弄清楚自身当前的和潜在的业绩水平之前，你需要认真了解行业的基本经济情况。

> 五力分析模型说明了一个行业的平均价格和平均成本，也说明了行业的平均利润率这一企业一直致力超越的目标。

五力分析回答了很多关键问题：你所在的行业正在发生什么？正在发生的诸多事件中，哪些会对竞争产生影响？哪些值得你关注？在波特提出五力分析模型之前，SWOT分析是衡量企业竞争环境最为流行的战略分析方法，SWOT是优势（strengths）、劣势（weaknesses）、机遇（opportunities）与威胁（threats）的英文首字母缩写。SWOT分析的意图明确——将企业与竞争环境联系起来，但是这种分析工具效果欠佳。如果你做过SWOT分析，就会明白我的意思。由于SWOT分析缺乏系统的经济原则支持，因此最终的结果只能是在优势、劣势、机遇和威胁这四个选项下随意地分别列出一列清单，而这些清单毫无章法，取决于当天是谁在做分析、当时这个人在想些什么。

尽管SWOT分析在某些领域仍在使用，但根据我的个人经验，这种分析方法是有极大偏差的，有时偏向于确认企业管理者长时间以来形成的错误理念，无论这些理念是来自经济学还是他的个人经历。（试想一位高管在做SWOT分析时，他将一项重大兼并项目列入"机遇"项下，因为该高管曾在目标公司工作过，现在他可以一雪前耻了，当然也可能是因为这笔交易会为他带来丰厚的年终奖。这类偏差在实际工作中太常见了。）

与SWOT分析相比，行业结构分析也是了解竞争动态的工具，只不过更强大、更客观。而且，它是一个系统的工具，降低了错过重要信息的可能性。它是（或应该是）以事实和分析为基础的，而不仅仅是项目要点清单，因此，它也不太可能催生那种换汤不换药的"新"理论，而是更有可能让你学到一些新知识。这种分析法研究竞争的经济基本面，着重阐述外部因素如何限制或创造企业的战略机遇。

评估五种力量

这五种力量中的每一种与行业盈利能力的关系都清晰而明确，且可以预测。这种关系的基本规则就是：力量越强大，对价格或成本的影响就越大，因此行业对既有企业的吸引力就越小。（小提示：我们总是从行业内既有企业的角度分析行业结构，因为新进入者必须克服进入壁垒的限制，这就解释了为什么一个行业对既有企业有吸引力，但对"圈外"的企业而言就没那么大的吸引力。）

> ### 基本等式：利润＝价格－成本
>
> 商业竞争的核心就是争夺利润，是关于谁能赚取一个行业所创造的价值的拉锯战。竞争通常复杂而多维，但企业利润的计算很简单。波特提醒我们要专注利润这个终极目标以及价格和成本这两个影响利润的因素：
>
> 单位边际利润＝价格－成本
>
> 成本包括竞争中使用的**所有**资源，包括资本成本。行业将这些资源进行转换，创造价值。价格反映了顾客对行业提供的产品与服务的重视程度，以及他们在权衡各种选择时愿意支付的费用。
>
> 值得注意的是，如果一个行业不能为顾客创造太多价值，那么它的价格就几乎无法覆盖成本。如果该行业创造了大量价值，那么行业结构对于理解谁可以赚取这些价值就变得至关重要。行业可以，也经常为顾客或供应商创造大量价值，然而企业自己赚得却很少。
>
> 在给定的行业内，五种力量的相对强度及它们的特定布局决定了行业的盈利潜力，因为它们直接影响行业的价格和成本。下图展示了这五种力量是如何发挥作用的。
>
> | 力量 | 影响 | 原因 |
> |---|---|---|
> | 如果新进入者的威胁⬆ | 盈利能力⬇ | 因为价格⬇成本⬆ |
> | 如果供应商的议价能力⬆ | 盈利能力⬇ | 因为成本⬆ |
> | 如果买家的议价能力⬆ | 盈利能力⬇ | 因为价格⬇成本⬆ |
> | 如果替代产品的威胁⬆ | 盈利能力⬇ | 因为价格⬇成本⬆ |
> | 如果现有竞争者的竞争程度⬆ | 盈利能力⬇ | 因为价格⬇成本⬆ |

概述这五种力量之后，我将阐述如何评估这些力量的强弱。我引用的众多实例都有双重目的——它们既展示了这种力量是什么，同时也让你了解到某些企业是如何应对行业中最重要的力量所带来的影响的。人们一直在问："企业如何使用五力分析模型？"如果按照这个分析模型的定义，那么任何一家成功的企业在其行业中都应该处于行业关键力量的有利位置。另外，我还得强调一点：波特的分析方法中最重要且最明确的原则之一是，首先要认清你所在行业的行业结构。从认清行业结构着手，然后再研究自己和竞争对手在行业中的相对地位。

买家

如果买家（顾客）很强大，他们就会利用他们的影响力压低价格，或许还可能要求你为产品或服务增值。无论哪种情况，行业盈利能力都会下降，因为顾客获得了更多的价值。

> 强大的买家会压低价格或者要求产品增值，从而为自己获取更多的价值。

以水泥业为例。在美国，大型且有实力的建筑公司采购的水泥占整个行业销量的比例相当大。它们利用自身的强大影响力讨价还价，从而压低价格，削弱了该行业的盈利能力。现在让我们跨越边界线来到墨西哥，看看这里的情况：与美国不同，该国水泥行业85%的收入来自小规模个体顾客，他们的体量小，数以千计，被称为"蚂蚁"客户，而供货方是少数几家大型水泥生产商。一方是一盘散沙、力量薄弱的小买家，另一方是几个实力雄厚的大卖家，这种不平衡的议价能力决定了墨西哥水泥业的行业结构。市场支配力让生产商可以定价更高，获得的回报也更多。

墨西哥西麦斯水泥集团（CEMEX）在美国和墨西哥都是主要的水泥制造商，但它在墨西哥市场上获得的回报更高，这并不是因为它在本土创造的价值更多。实际上，我们可以理解为该公司是在两个不同的行业中展开竞争，它们的行业结构不同。（本章将在"行业分析的一般步骤"专栏着重介绍行业界定对制定战略的重要作用。）

在评估买家力量时，我们要认识到，产品的交付渠道可能与终端客户同样重要，当交付渠道影响客户的购买决策时尤其如此。例如，投资顾问对投资人的决策有着举足轻重的影响，而这种影响力会带来巨大的利润空间。实力雄厚的家居建材零售商家得宝（Home Depot）和劳氏（Lowe's）的出现，给家居产品制造商带来了巨大的压力。

在一个行业内，有的买家议价能力强，有的买家在议价方面没什么存在感，有的买家对价格更敏感，有的买家觉得价格无所谓。其中，对价格敏感的买家可能更愿意讨价还价，例如，在购买的产品或服务有如下特征时，工业客户⊖和普通顾客往往就对价格更加敏感。

- 无差异。
- 相对于他们的收入和其他支出而言，价格相对昂贵。
- 对他们自己的业绩无足轻重。

我现在要举的例子的特征正好与上述三项相反。大型电影制片厂在购买或租赁拍摄设备时对价格并不敏感。例如，摄影机是一种高度差异化的设备，其价格相对于其他制作成本来说较低，但摄影机的性

⊖ 工业客户指产品生产或制造所涉及的客户。——译者注

能对电影的成功与否有重大影响。在这种情况下，质量比价格更重要。

供应商

如果供应商很强大，他们会利用他们的议价优势设定更高的价格或争取更优惠的条款。无论是哪种情况，行业的盈利能力都会降低，因为供应商会为自己争取更多的价值。个人电脑制造商长期以来一直与软件供应商微软公司和 CPU 供应商英特尔公司的市场力量做斗争。以英特尔公司为例，Intel Inside 活动㊀有效地推广了英特尔这个品牌，否则这款 CPU 就很可能会沦为个人电脑中一个籍籍无名的组件。

> 强大的供应商会设定更高的价格或争取更优惠的条款，这会降低行业的盈利能力。

分析供应商的力量时，一定要考虑到在生产产品或提供服务方面的所有投入，其中就包括劳动力（雇员）。这就涉及工会制度，工会具有强大的议价能力，这使得航空业长期备受煎熬。例如，工会规定，持有执照的机械师才能负责"接收和发送"这项职责，其实这项工作只需要向飞机挥手示意进入或离开机场，即使工资较低的行李搬运工或其他地勤人员也可以胜任。要知道，维修工作大多在夜间进行，但这条规定意味着机械师必须 7×24 小时全天候在岗，航空公司所雇佣的机械师数量远超进行维护和修理工作的实际需要。实际上，当时这项规定是为了给高薪机械师创造就业机会，但这也造成了航空业的利

㊀ 英特尔通过向个人电脑公司支付广告费的方式，在个人电脑表面贴上 Intel Inside 即"内置英特尔"的标签，使得英特尔的 CPU 家喻户晓。——译者注

润流失。现在这条规定已然不复存在了。

如何评估供应商力量？如何评估买家力量？其实，这两个问题的答案存在较多的共性，因此没必要逐一回答，我在这里只列一个清单。如果出现以下情况，供应商或买家往往会很强大。

- 相对零散型行业⊖而言，供应商或买家规模庞大并且比较集中（可以将这个场景想象为：众多的大卫对战强大的巨人歌利亚）。某家供应商的供应量占整个行业总采购量的百分比或某位买家的购买量占整个行业的总销量的百分比是多少？我们要观察这些数据，再据此预测未来走向。然后我们要考虑：如果失去这个供应商，或者失去这一买家，损失有多大？一般说来，像电信设备以及海上钻井设备这样固定成本高的行业面对大宗采购商时几乎毫无招架之力。

- 一个行业对某家供应商或某位买家的需要大于他们对行业的需要。尤其是当行业在短期内没有其他替代供应商的时候。这里举两个实例。第一个是医生和飞行员的例子，他们在历史上一直拥有强大的议价能力，因为他们的技能重要且供不应求。第二个实例是关于稀土供应。中国出产世界上 95% 的钕，钕是一种稀土元素，丰田和其他汽车制造商生产汽车电机均需要这种元素。2010 年，由于中国限制供应量，钕的价格当年就翻了两番。现在丰田正在努力开发一种新型电动机，以结束对稀土元

⊖ 零散型行业是一种重要的结构环境，在这种行业中，行业集中度很低，没有任何企业占有显著的市场份额，也没有任何一个企业能对整个行业的发展产生重大的影响。——译者注

素的依赖。

- 当品牌转换成本对供应商或买家有利时。如果一家供应商与一个行业息息相关，那么供应商的力量就会很强大，比如，个人电脑行业一直与操作系统和电脑软件的主要供应商微软公司密不可分。当买家可以轻松地放弃一家供应商转而投向另一家供应商时，品牌转换成本对买家有利。比如：热门航线由多家航空公司经营，乘客的选择余地大，支付不多的费用，就可以很容易地从一家航空公司的航班换到另一家航空公司的航班，这样各个航空公司也很难自行提高价格或降低服务水平。飞行常客计划本想提高买家的品牌转换成本，但效果不佳。

- 当产品的差异性对供应商或买家有利时。如果一个行业产品的差异化不大，买家可以货比货。例如，随着个人电脑本身变得更加商品化，买家的力量也在增长。但个人电脑行业的供应商（微软公司和英特尔公司）提供的产品差异性还是相当大的。因此，电脑制造商被夹在日益强大的买家和颇有影响力的供应商中间，举步维艰。

- 当供应商或买家实力雄厚，足以垂直整合其产品所涉及的某一行业，并可以自行生产该行业的产品时。啤酒和软饮料的生产商就是使用这种策略来控制啤酒瓶和饮料瓶的价格的。

替代产品

替代产品是以不同方式满足同样的基本需求的行业产品或服务，它限制了行业的盈利能力。例如，报税软件是专业的报税公司（如

H&R Block）的替代产品。替代产品对既有产品或服务的价格设置了一个上限，按照这个上限价格，企业既可以维持现有运营，又不会减少销售额。几十年来，石油输出国组织（OPEC）一直小心谨慎地控制石油价格，以这种方式阻止对替代能源的投资。这也是环保主义者为什么支持提高汽油税的原因。

> 替代产品是以不同方式满足同样的基本需求的行业产品或服务，它限制了行业的盈利能力。

正是因为替代产品不是既有产品的直接竞争对手，所以它们往往来自那些意想不到之处。因而我们很难预测替代产品的出现，而且有时即使它们已经出现也很难发现它们。另外，如果一种产品被淘汰时，其替代产品对整个行业产生的威胁更是意料不到的。比如，在下一代，电动汽车可能会成为燃油汽车的重要替代产品（当然，这也可能不会发生）。如果这种情况发生了，就会产生连带效应，汽车的许多其他零部件也会被替代。例如，电池会增加汽车的重量，因此宝马汽车正在考虑将碳纤维作为车身钢材的轻质替代产品。制造或服务变速箱及排气系统的公司也会成为过去时。

如何评估替代产品的威胁呢？如果从经济学的角度来看，主要是衡量该替代产品与既有的行业产品相比，是否具有更高的性价比。在美国，硬币之星（Coinstar）在各处设立了红盒子（Redbox）售货亭租借影碟，价格为1美元，这对好莱坞的影碟售卖业务产生了实质性的威胁，因为影碟售价是租借价格的20～40倍。Redbox所提供的租借服务让人们省时省力，不用再跑到店里购买光碟，成为各地影碟租赁店的直接竞争对手。这些租赁店不如 Redbox 便利，而且成本很高。（在我完成本书大约 1 个月后，曾经的影碟租赁商店运营商佼佼者百视达公司（Blockbuster）申请了破产保护。）虽然长时间以来，人们可以用租借影碟替代购买影碟，但 Redbox 极低的价格和优越的便利性显然戳中了顾客的"甜蜜点"。

但是，低价替代产品不一定总能戳中顾客的"甜蜜点"。马德里—巴塞罗那高速列车是飞机的替代产品，它的价值更高，价格也更高。能量饮料和咖啡均含有咖啡因，可以提神，但能量饮料的效果更好，价格也会更高一些，有些消费者的确愿意支付更多的费用。

买家选择替代产品时，转换成本起着举足轻重的作用。当消费者面临较低的转换成本时，很容易会选择替代产品，选择 Redbox 租赁影碟就是这种情况，放弃品牌药品而选择普通药品亦是如此。既然喝咖啡是一种长期形成的习惯，能量饮料更容易被年轻人接受也就不足为奇了。

新进入者

进入壁垒保护一个行业免受新进入者带来的影响，新进入者会增加行业的产能并寻求抢占市场份额。新进入者的威胁从两个方面抑制了整个行业的盈利能力。一方面，它限制了价格，因为更高的行业价格会对新进入者更具吸引力。另一方面，既有企业通常要投入更多的资金才能满足客户的需求。这提高了行业的门槛，为了进入市场参与竞争就必须扫清障碍，很多潜在的新进入者可能会望而却步。例如，在精品咖啡零售等行业，进入壁垒就比较低，星巴克必须持续不断地投资以装潢店面和时时更新菜单。如果它稍有松懈，就为新的竞争对手进入咖啡零售业敞开了大门。

> 进入壁垒保护一个行业免受新进入者带来的影响，新进入者会增加行业的产能并寻求抢占市场份额。

你该如何衡量新进入者所带来的威胁？如果你已进入一个行业，你可以做些什么以提高行业门槛？如果你正考虑进入一个新的行业，你能否克服妨碍你的进入壁垒？进入壁垒种类多样，要想识别并弄清楚这些壁垒能带来什么影响，首先就要从如下几个问题着手。

- 进行大批量生产是否会降低产品的单位成本？如果规模经济确实存在，那么需要达到多大的产量，规模经济效应才开始显现？这个数字很重要。另外，如果产生了规模经济效应，那这些经济效应怎样产生的呢？是因为将固定成本分摊到了更大的产量上呢？还是因为采用了在大规模生产时能展现优越性的更有效的技术呢？还是由于提高了对供应商的议价能力呢？我们来看一个例子：为个人电脑开发一个新的操作系统成本约为10亿美元，如果拥有微软的规模，就可以在几周内收回这些成本。这就是规模经济的效应。

- 如果消费者放弃一家供应商，转而购买另一家供应商的产品时，会产生**转换成本**吗？以购买电脑为例：无论是从苹果电脑换成普通个人电脑，抑或是从普通个人电脑换成苹果电脑，你都得花费数小时重新设置并熟悉相关的操作，这就是转换成本。因为苹果电脑占电脑市场的份额较小，所以它吸引消费者放弃微软操作系统可以获得更大的收益。因此，苹果电脑进行了大量的投资，以降低微软用户转向使用苹果电脑的转换成本。

- 如果一个产品被越来越多的消费者使用，那么，对消费者而言，该产品的价值增加了吗？（这就是所谓的**"网络效应"**。）正如我们刚才所阐述的那样，供给侧的产量达到一定规模时会产生规模经济效应，那么需求侧增加的产品的价值来自哪里？价值又有多大呢？有时候是提供产品或服务的企业在消费者看来态势良好，稳步向前，而且有良好的信誉，让消费者可以安心选择，产品的价值就会增加；有时候这种价值可能来自网络的规模，就像脸书一样。

- 一家企业试图进入一个新的行业需要交多少入场费？企业需要多少**资本投资**，谁愿意并且有能力进行投资？以制药业为例，制药公司并不太担心新进入者的威胁，因为该行业历来需要大规模地在研发和营销上进行投资，而这些是新进入者不可企及的，因此制药公司可以自由提高价格。

- 行业内的既有企业是否具有独特的优势？这些优势与规模无关，新进入者很难获得。例如专有的技术、成熟的品牌、黄金地段和分销渠道。尤其是分销渠道，这可能是一个令人生畏的进入壁垒，尤其是在分销渠道有限且行业内的既有企业牢牢地将它们攥在手中的情况下。当然，这也可以促使新进入者创建自己的分销渠道。比如，新兴的廉价航空公司不得不通过互联网销售机票，因为旅行社往往偏爱那些老牌航空公司的航班。

- 政府是否出台了政策限制或阻止新进入者？我住在马萨诸塞州，

这里就很难获得销售葡萄酒的许可证。可以说，该措施极大地限制了新的葡萄酒销售商进入该行业。此外，法规、政策、专利和补贴等也可以通过提高或降低其他形式的进入壁垒间接地达到同样的效果。

- 如果一家企业选择进入一个新的行业，那么它会遭到什么样的抵制？该行业是否对新进入者相当不友善？行业内的企业竞争激烈吗？如果这个行业的增长缓慢或固定成本高，既有企业通常会努力保住市场份额。

竞争程度

行业内既有竞争者之间的竞争越激烈，行业的盈利能力就会越低。既有企业创造的一部分价值会通过较低的定价让与消费者，或消耗在更高的竞争成本中。竞争的方式多种多样，包括价格竞争、打广告、推介新产品或提高服务标准。例如，一直以来制药公司在研发和营销方面存在激烈的竞争，但它们绝对不进行价格战。

> 如果行业竞争激烈，那么既有企业创造的一部分价值将通过较低的定价让与消费者，或消耗在更高的竞争成本中。

如何评估一个行业的竞争程度？波特指出，如果出现下述情况，那么竞争最为激烈。

- 该行业的既有竞争者众多，或者竞争者的规模和实力大致相同。一般情况下，存在行业领导者的话，它们有能力采取一定的措施帮助整个行业。
- 如果行业的增长缓慢，各个企业就会奋力争夺市场份额。
- 如果行业的退出壁垒高，企业就很难离开该行业。例如，如果一个行业需要企业投资特殊资产，而这类资产却又无法出售，那么企业就很难退出。由此产生的产能过剩通常会损害行业的盈利能力。
- 当竞争对手对所在行业异常执着，失去了理性判断时，也就是说，对它们而言，实现良好的财务业绩并不是首要目标。例如，一家国有企业可能在竞争中获得外部支持，这些外部支持或出于民族自豪感或是因为该企业可以提供就业机会。或者，一家公司为了塑造品牌形象而需要一条完整的产品线。

波特曾经告诫我们，价格竞争是最具破坏性的竞争形式。越是基于价格的竞争，就越容易陷入"竞争就是要做最好"的争夺战。当出现如下这些情况时，很可能导致纯粹的价格战。

- 当行业内各个竞争企业生产的产品或提供的服务差别不大（我们已经在第一章阐述过竞争趋同这个问题），而且买家的转换成本很低时。这种情况通常会促使竞争对手各自降低价格吸引消费者，航空公司多年来一直饱受这种竞争方式的困扰。
- 如果竞争企业的固定成本高，边际成本低，这就带来了降价的压力，因为吸引更多的消费者可以分摊固定成本。这也是航空公司开展价格战的实质原因。
- 如果行业的产能必须大幅提升，就会破坏行业的供需平衡，企业会降低价格以满足提高产能的需要。
- 如果产品易消逝或使用的时效短，也容易引起价格竞争。我们可能感觉只有水果或时尚产品才属于这一范畴，其实这一类的产品和服务范围很广，还包括那些会很快过时或在短期内失去价值的产品和服务，例如空置的酒店房间、没有卖出去的飞机座位、无人就餐的餐桌等。

为什么只有五种力量

五力分析模型适用于所有行业，原因很简单，因为它涵盖了商业所涉及的所有基础关系：买家和卖家之间的关系、卖家和供应商之间的关系、相互竞争的卖家之间的关系以及供需之间的关系。想想看吧，这个分析模型阐述了商业所涉及的所有基础关系。这五种力量普遍存在，它们是商业的基础。

> 五力分析模型适用于所有行业，原因很简单，因为它涵盖了商业所涉及的所有基础关系。

当我引导企业管理者一起进行战略讨论时，我通常会问他们是否知道波特的五力分析模型，大多数人的回答是肯定的。但随后发生的事情就饶有意味了：大家的谈话很快演变成一场比赛，看谁能说出这五种力量是什么。通常情况下，大部分的企业管理者只能记住三四个，接着就会说出一个不属于这五种力量的其他力量，而他们却非常肯定这种力量一定是五种力量之一，因为在他们的行业中，这种力量与他们的成功高度相关。

现在，我想在这里强调一个非常重要的事情：记住这五种力量不会让你成为更好的商业思想家，当然，这可能会让你听起来确实像那么回事。关键是你得掌握更深层次的内容：在每个行业中，都有一些结构性的力量发挥作用，这些力量会**系统地**影响到行业的**盈利能力**，而且，这些影响的**方向是可以预测的**。

供给与需求

经营管理者们都或多或少地接受过培训，了解到供求关系在决定价格方面有着重要的影响。在完美市场中，当供应量增加时，产品的价格会立即下降到一个新的均衡点，这种调整是非常灵敏而迅速的。完美竞争中不存在利润，因为价格总是被压低，直至价格等于产品的边际成本。但在实际生活中，很少有市场是"完美的"。波特的五力分析模型就是针对这些"不完美的"市场，提供了一种可以系统思考的方法。例如，如果存在进入壁垒，那么新的供给就不能轻而易举地直接地涌入市场以满足需求。另外，供应商力量和买家力量等因素也会对价格产生直接影响。

诚然，其他的因素也可能很重要，但这些因素不是结构性的。现在我们要探讨一下大家最关注的四个因素。

- **政府监管**　如果政府出台的规定对五种力量中的一种或多种力量产生了影响，改变了行业结构，那么这种监管就会影响市场竞争。

- **技术创新** 技术创新也是影响竞争的因素之一。例如：如果互联网的广泛应用使消费者可以货比三家，找到最优惠的价格，那么行业的盈利能力就会下降。因为在这种情况下，互联网通过增强买家的力量改变了行业结构。
- **行业的高速增长** 企业管理者往往都误以为高速增长的行业最具有吸引力，但实际上，行业在增长并不意味着行业就会盈利。有时候行业的增长可能会让供应商处于主导地位，如果行业的进入壁垒较低，增长可能还会吸引新的竞争对手加入。另外，增长本身并不能说明买家的力量或替代产品的相关情况。波特告诫我们，快速增长的行业就是"好"行业这种说法并没有经过验证，如果以此为假设，通常会导致制定错误的战略决策。
- **附带产品** 附带产品有时也被某些企业管理者提议作为"第六种力量"。附带产品是与行业产品一起使用的产品和附带的服务，例如计算机的硬件和软件。附带产品也会影响消费者对行业产品的需求（试想一下，如果找不到充电的地方，你会购买电动汽车吗？），但是正如我们刚才所探讨的其他三个因素一样，附带产品也是通过对五种力量的影响来影响行业的盈利能力的。

根据你所在行业的特点，了解并应对上述因素对你的成功很重要。但是，与波特的五种力量不同，这些因素对行业的盈利能力的影响既不是系统性的，也不是可以预测的。诚然，一些技术创新确实可能会提高成本并降低价格，从而降低行业的盈利能力，但也有一些技术创新会产生相反的效果，还有一些技术创新对盈利能力没有任何影响。政府监管、行业的高速增长、附带产品亦是如此。与之相反的是，如果一种力量是结构性的，当这种力量变得更为强大时，你总是可以预测它将如何影响价格或成本。例如：更强大的买家力量总是会压低价格而不是抬高价格，更强大的供应商力量总是会推高成本，而不是降低成本。我们概括了这五种力量对行业盈利能力的主要影响（见图 2-2）。

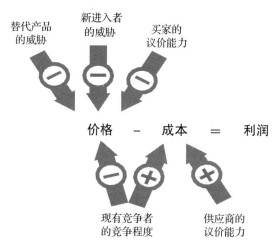

图 2-2　五种力量如何影响盈利能力

五种力量对制定战略的重要意义

五种力量的合力至关重要，因为它会影响价格、成本以及企业参与竞争所需的资金投入。行业结构决定了一个行业所创造的价值如何分配——行业内的企业会获得多少？消费者会获得多少？供应商、分销商、替代产品制造商以及潜在的新进入者各会获得多少？行业结构与行业内每家企业的损益表和资产负债表都息息相关。五力分析的结果可以帮助我们判定应该进入哪个行业竞争，以及如何参与竞争。

如何进行行业分析呢？让我们借助五力分析法来回答两个有代表性的问题。第一个问题是：从事该行业是否能得到有吸引力的投资回报？2005年，IBM公司将个人电脑业务出售给了联想公司。通过五力分析模型，我们立即就明白了为什么该行业变得如此没有吸引力，连IBM这家行业巨头都退出了。微软公司和英特尔公司这两家个人电脑业务的超级供应商几乎赚取了该行业所创造的所有价值。另外，随着行业的逐步成熟，个人电脑本身变得更加商品化，买家的力量从而更为强大。而且，因为产品的差异化并不是很明显，消费者可以很容易地从一个品牌转到另外一个品牌，以获得更为优惠的价格。与此同时，个人电脑生产厂家不但要面对日益加剧的行业竞争，还要面对来自新兴的亚洲生产商的价格压力。更糟糕的是移动设备正悄然兴起，它们具有个人电脑的部分功能，已经成为新一代个人电脑的潜在替代产品。

行业分析的一般步骤

第一步，根据产品范围和地理范围界定相关行业。什么算是这个行业的？什么不算这个行业的？大多数人认为这只是一个简单的步骤，但它实则相当棘手，需要仔细审视。波特的五种力量可以帮助你划清行业的界限，避免将行业定义得太狭窄或太宽泛——这些错误相当常见。你是否面临相同的买家、相同的供应商、相同的进入壁垒？波特提供了一条经验法则：如果多种力量存在差异，或者其中一种力量的差异很大，那么你很可能面临的是不同的行业。每一个行业都需要拿出有针对性的战略。让我们来看下面这两个例子。

- **产品范围**　用于汽车的机油是否与用于卡车和固定式发动机的机油属于同一行业？机油本身是相似的。但是汽车机油通过面向大众做广告来营销，通过强大的销售渠道卖给分散的消费者，并且在本地生产，这样可以抵消小包装的高物流成本。反观卡车和发电机润滑油，它们面临着不同的行业结构——不同的消费者、不同的销售渠道、不同的供应链，等等。因此，从战略的角度来看，用于汽车的机油与用于卡车和固定式发动机的机油属于不同的行业。
- **地理范围**　水泥是全球性行业还是分属各个国家的行业？还记得我们之前讨论的墨西哥西麦斯水泥集团的例子吗？尽管水泥行业在美国和墨西哥的状况在某些方面是相同的，但两地的买家却截然不同。该行业的地理范围有国别之分，并不是全球性的，因此墨西哥西麦斯水泥集团需要针对每个市场分别制定不同的战略。

第二步，确定每一种力量都包括哪些参与方，并适当地将它们分组。 另外要关注每一组是在什么情况下出现的。

第三步，评估每种力量的潜在驱动因素。 哪些因素力量强些？

哪些因素弱些？为什么？你的分析越严谨，得出的结果就越有价值。

第四步，后退一步，评估整体行业结构。 哪些力量控制着行业的盈利能力？这些力量并非同等重要。要深入挖掘你所在的行业最重要的力量。你的判定结果是否与行业当前和长期的盈利水平一致？相对于这五种力量，利润更高的企业是否处于行业更有利的位置？

第五步，分析每一种力量的最新变化，还要分析每种力量未来可能发生的变化。 它们的发展趋势如何？展望未来，竞争对手或新进入者会如何影响行业结构？

第六步，思考根据这五种力量，如何定位你自己。 你能找到这些力量最薄弱的位置吗？你能利用行业的变化吗？你能按照对你有利的方式重塑行业结构吗？

五力分析模型常常被用于判断一个行业是否有"吸引力"，对企业和投资者决定是否进入、退出或投资一个行业来说是一个不可或缺的工具。但是，如果使用五力分析模型就是为了说明一个行业是否有吸引力，那就有些大材小用了。其实，五力分析模型还可以用于回答如下问题。

- 为什么行业处于当前的盈利水平？是什么因素让该行业保持这一盈利水平？
- 行业正在发生什么变化？盈利能力可能会发生什么变化？

- 企业必须克服哪些限制因素才能更多地获得自身所创造的价值？

换句话说，如果五力分析模型使用得当，你就可以看透错综复杂的竞争，并借助这个工具采取一系列可行的举措来提升业绩。虽然个人电脑业务对行业内的大多数竞争者来说已经失去了吸引力，但苹果公司独辟蹊径，找到了赚钱的方式：通过设计自己的操作系统，苹果公司从未受制于微软作为供应商的力量；通过创造独树一帜的产品，它又限制了买家的力量。"果粉"们宁愿多付钱也不愿更换其他品牌。

第二个有代表性的问题是：你的企业能否定位在五种力量最为薄弱的位置？以美国重型卡车制造商帕卡公司（Paccar）制定的战略为例，该公司所面对的行业结构也令众多企业望而生畏。

- 行业内有很多实力雄厚的大买家，他们经营着庞大的卡车车队；他们对价格很敏感，因为卡车购置费用占其成本的比重相当大。
- 竞争以价格为基础，因为该行业属于资本密集型行业，伴有周期性衰退；另外，大多数卡车都是按照行业标准制造的，因此看起来并无差别。
- 在供应商方面，无论是大型独立的发动机的供应商还是传动系统部件的供应商，他们的工会都有很大的势力。
- 卡车买家面临其他运输方式（例如铁路）替代他们的服务的风险，这也限制了卡车价格的整体上限。

1993～2007 年，重型卡车行业平均资本回报率为 10.5%。然而，在同一时期，占北美重型卡车市场约 20% 份额的帕卡公司却获得了高达 31.6% 的收益。帕卡公司在这一举步维艰的行业中在各个力量最为薄弱的地方找准了定位，它的目标客户是那些购车后自主经营的买家，这些人把卡车当成他们的第二个家。这些客户很乐意支付更高的费用购买帕卡公司的肯沃斯（Kenworth）和彼得比尔特（Peterbilt）系列并添加一些定制款配置（例如豪华的休息间或毛绒皮革座椅）。这些定制产品还附带了一系列配套服务，旨在帮助这些买家在跑运输时更便利。例如，帕卡公司的"路边援助计划"要求救援必须在一定的时间内完成，这是保证车主免受严重经济损失的关键。在以价格竞争为主导的行业内，帕卡公司却可以在其他公司价格的基础上多收取 10% 的费用。

作为竞争大军中的一员，帕卡公司并没有试图争做业内"最好"。如果是这样，它就会生产相同的产品、追求相同的客户，然后被卷入行业的价格战。而这会导致竞争加剧，进一步恶化行业结构。这也给很多行业的诸多企业上了一课：如果选择错误的竞争方式，很容易会让糟糕的局面变得更糟。

在竞争中独树一帜，满足不同的需求，服务不同的客户，帕卡公司的竞争之旅与众不同。在这场竞争中，影响价格和成本的力量更为温和。波特在其著作中曾经提道："制定战略可以被视为是为了对抗竞争力而建立防御，或者是寻找五种力量最为薄弱的位置。"正如帕卡公司的例子所展示的那样，好的战略如同风暴中的避难所，而五力分析模型就是你的天气预报。

行业结构是动态的

随着时间的推移,五种力量中的部分力量或者全部力量会发生变化,行业盈利能力亦随之改变。因此,行业结构是动态的,而不是静态的。波特不得不一遍又一遍地重复强调这一点,因为有一种误解根深蒂固,认为行业结构和企业在行业中的定位是静态的,它们独立于周遭快速变化的事物。正如我在导言中所说的,很多人并没有真正理解波特的思想,所以我要在这里再次强调:行业结构是动态的,不是静态的。当你进行行业结构分析时,你了解的是某个时间点的行业情况,但与此同时,你也在评估五种力量的未来走势。

随着时间的流逝,买家或供应商可能会变得更加强大,也可能会没有之前强大;技术创新或管理创新可能会增加新进入者和替代产品的数量,也可能会减少新进入者和替代产品;企业管理者做出的选择或政府监管的变化均可以改变竞争的强度。让我们回望1970年,当时的沃尔玛还名不见经传。今天,作为世界上最具实力的买家,它主导着一个又一个行业。沃尔玛的首席采购员的头衔是"国际采购副总裁",多么名副其实的头衔啊!如果有人一直密切关注这五种力量,就知道沃尔玛的成功并不是一蹴而就的。对沃尔玛众多的各个行业供应商而言,它们是一步一步地陷入如此被动的境地的。其实,它们本有足够的时间来准备、选择和行动。

任何一个行业都会不断地发生变化。你对行业结构的把握越好,就越有可能发现并利用新的战略机遇或战略举措重塑行业结构,使其对你有利。挑战在于要辨别哪些变化最为重要。真正具有战略意义的改变会影响这五种力量。

为什么有些公司比其他公司更赚钱？我们刚刚说明了第一部分原因——行业结构解释了为什么公司的盈利能力存在差异。下一章我们来讲第二部分原因——各个公司在行业内的相对地位，这是更主要的原因。

五种力量：为利润而竞争

- 竞争的真正意义在于赚取利润，而不是从竞争对手那里抢夺业务。商业竞争就是争夺利润的比拼，是谁能获得一个行业创造的价值的拉锯战。
- 企业不仅与直接竞争对手竞争以获得利润，也与其客户、供应商、潜在的新进入者和替代产品竞争。
- 五种力量影响了价格、成本和企业参与竞争所需的资本投入，其合力决定了该行业的平均盈利能力。一个好的战略会使一家企业的损益情况好于该行业的平均水平。
- 如果使用五力分析模型仅仅是为了说明一个行业是否具有吸引力，那就大材小用了。行业结构可以"解释"每个企业的损益表和资产负债表，从中获得的启发可以直接让企业管理者决定应该从哪些方面竞争以及如何参与竞争。
- 行业结构是动态的，而不是静态的。五力分析模型有助于企业管理者预测行业结构的变化，并对之加以利用。

第三章
CHAPTER 3

竞争优势：价值链与损益表

波特对竞争优势这一经济术语的解读最为深刻。很多企业经常用到这个术语，但很少有企业能够正确地解读并使用它。在企业中，这一术语常常被随意使用，进而演变为被企业用来指它擅长做的事情。竞争优势俨然成了企业管理人员战胜对手的法宝。

企业的这些做法显然没有真正理解什么是竞争优势。波特认为，竞争优势的本质不是击败对手，而是创造卓越的价值。该术语的意思具体又明确：如果你拥有真正的竞争优势，那就意味着与竞争对手相比，或者是你的运营成本更低，或者是你的价格更高，抑或两者兼而有之。只有这样，一家企业才能超越另一家企业。波特强调，如果说战略真的有任何实际意义，那它一定是与企业的财务业绩直接相关联的。不与业绩挂钩的战略都只是纸上谈兵而已。

> 如果你拥有真正的竞争优势，那就意味着与竞争对手相比，或者是你的运营成本更低，或者是你的价格更高，抑或两者兼而有之。

在上一章，我们看到了五种力量是如何塑造行业的平均盈利能力的。行业结构决定了行业内一家"中等"企业可以预期达到什么水平的业绩。竞争优势的目的就在于取得卓越的业绩。在本章中，我们将对竞争优势追根溯源到价值链——这是波特提出的另外一个理论框架。

经济基本面

竞争优势是一个相对的概念，它关乎卓越的业绩。但它真正的含义是什么呢？1985~2002年，法玛西亚普强制药公司（Pharmacia & Upjohn）的平均资本回报率为19.6%，这一成绩似乎很不错。在同一时期，钢铁制造商纽柯钢铁公司（Nucor）的平均资本回报率约为18%。这两家企业的资本回报率有可比性吗？你是否应该得出结论认为法玛西亚普强制药公司拥有更为卓越的战略？

答案是否定的。钢铁行业的平均资本回报率仅为6%，相比之下，纽柯钢铁公司表现出色。而在制药行业，一流企业的平均资本回报率超过30%，因此法玛西亚普强制药公司落后于该行业的平均水平。（有关为什么波特采用资本回报率作为衡量指标，请参见本节专栏"衡量竞争成功与否的正确和错误方法"。）

因此，只有在同一行业内，公司所处的竞争环境相似或五种力量的强弱相似，这样才可以根据资本回报率比较竞争优势。另外，衡量公司业绩必须以每个业务板块为单位，因为竞争力发挥作用、公司赢得或失去竞争优势都发生在具体的业务中。为了保持术语的正确性，还是引用波特的说法吧，他所认为的**战略**是针对每个业务板块的

"竞争战略"。战略的核心层面在业务，而不在整个公司。**公司战略**指的是多业务企业的业务逻辑。区分战略和公司战略是至关重要的。波特的研究表明，多元化公司的整体回报率最好理解为每项业务回报的总和。尽管母公司的业绩对旗下各企业的业绩既可以加分也可以减分（众所周知，这种情况也发生过），但对企业盈利能力产生主导影响的还是其所在的行业。

如果你拥有竞争优势，那么，你的盈利能力就会高于行业的平均水平（见表3-1）。与行业竞争者相比，你的**相对**价格更高，或相对成本更低，或两者兼而有之。相反，如果一家公司的利润低于其竞争对手，这意味着它的**相对**价格较低或**相对**成本较高，或两者都有。相对价格和相对成本之间的这种基本经济关系是理解公司如何创造竞争优势的起点。

表 3-1 正确的分析：为什么有些公司比其他公司更赚钱

两个因素影响公司的业绩：

	行业结构	公司在行业内的相对地位
波特的分析框架	五种力量	价值链
分析重点	行业盈利能力的驱动因素	企业行为的差异
分析内容	行业平均价格和成本	相对价格和成本

注：如果一家公司有竞争优势，那么就意味着与行业内的竞争对手相比，它可以维持更高的相对价格或保持更低的相对成本。

衡量竞争成功与否的正确和错误方法

什么是正确的战略目标？应该如何衡量竞争是否成功？有时波特会受到批评，因为他的理论没有对员工、对管理的柔性层面给予足够的关注。然而，他非常执着地认为设立正确的战略目标是企业的重中之重，没有什么观点比这更以人为本了。

企业管理者都知道，目标的设定以及根据该目标衡量的业绩对一个组织中人们的行为方式有着重大的影响。目标会影响企业管理者做出的决策。尽管波特从未将管理心理学作为研究重点，但这种对行为的洞察还是对他的思想产生了影响。如果一开始就设定了错误的目标，或者以误导性的方式设定了目标，那么结果也很可能是错误的。

波特认为，对业绩的定义必须反映组织的经济目标，即生产的产品或服务的价值要超过投入的所有成本的总和，这对每个组织都适用。换句话说，组织应该有效地使用资源。

最能反映企业业绩的财务指标是资本回报率。资本回报率计算的是企业创造的利润与所有投入（即资金、运营费用和资本的总和）之比。从长期资本回报率能看出一个企业的资源使用情况。⊖ 波特指出，资本回报率也是唯一适合竞争的多维性特点的衡量指标。多维性是指竞争包括了为客户创造价值、与竞争对手打交道以及有效地使用资源，而资本回报率囊括了这三个维度。企业只有获得了良好的回报率，才能以可持续的方式满足消费者；企业唯有有

⊖ 行业不同，投资周期不同，那么评估资本回报率的时间范围也要因行业而异。在炼铝业，一家新冶炼厂可能需要 8 年时间才能投产，因此评估资本回报率的时间范围可能长达 10 年。相比之下，对众多的服务业企业来说，3~5 年就可以评估资本回报率。而对于投入资本很少的企业，可能需要利用其他有效的资源进行评估。例如，咨询公司可能会衡量每个合作伙伴的回报率。

效地使用资源,才能以可持续的方式应对竞争对手。

上述逻辑清晰且令人信服。然而,当公司选择它们的目标时,或者当它们接受金融市场强加的目标时,这种基本逻辑往往无处可见。为什么很少有公司能保持成功的战略?波特多次指出,有缺陷的目标是罪魁祸首。

- 虽然销售回报率这一指标被广泛使用,但是它忽略了企业在竞争中投入的资本,因此不能很好地衡量资源的使用情况。
- 增长率与它的姐妹目标——市场份额都被广泛地采用。但是,正如销售回报率一样,这两个指标都没有考虑到企业为了竞争投入的资本。公司常常追求无利可图的增长,而这些增长永远不会带来高资本回报率。波特与企业管理者谈话时曾经调侃说,大多数公司只需将价格砍一半即可立即实现快速增长。
- 股东价值是以股票价格衡量的,现在已经证明这个指标相当不可靠,但它仍然对高管的商业行为有着强大的驱动作用。波特告诫,股票价格只有在长期内才是衡量经济价值的有意义的指标。(有关这方面的详细信息,请参阅本书所附的迈克尔·波特访谈录。)

美国西南航空公司(简称西南航空)前首席执行官赫伯·凯莱赫注意到,诸如此类有缺陷的目标会导致错误的决策。他说:"市

> 场份额与盈利能力无关，寻求市场份额表明我们只想做大，不在乎这样做是否赚钱。美国民用航空业放松管制后，追求市场份额的这种理念误导了航空业长达15年。为了获得额外的5%的市场份额，一些公司的成本增加了25%。如果盈利是目的，那这种做法就真的是得不偿失。"
>
> 为了避免设定有缺陷的目标，波特是有解决之道的，但需要有一定的勇气。如果想知晓你能否实现最终目标，即创造经济价值，那就需要你对赚取的真实利润和投入的所有资本开诚布公。因此，战略不仅要设定正确的目标，还必须要准确、诚实地衡量业绩。这可是一项艰巨的任务，不是因为它在技术上具有挑战性，而是因为各个组织总是倾向于使自己的财务指标看起来尽可能地好。
>
> 同样的逻辑也适用于非营利组织。即使这些组织在一个没有市场价格的环境中运作，不存在字面上的利润，但衡量业绩的标准应该是一样的：这个组织是否有效地使用了资源？另外，衡量社会部门的业绩也同样困难重重，这项工作进行的频率不够，标准也不严格。

为了便于理解，波特带我们经历了一个类似剥洋葱的思考过程。首先，整体盈利能力被分解为两个部分：价格和成本。这样做是因为影响盈利的潜在因素也就是价格和成本背后的驱动因素是不同的，因而它们对所要采取的措施的影响也不同。

相对价格

一家企业提供给客户的产品既要有特色，还得有价值，这样才能维持较高的价格。苹果炙手可热的产品价格就相对较高。同样，马德里至巴塞罗那的高速列车和帕卡公司为那些购车后自主经营的买家所生产的卡车亦是如此。创造更多的买家价值，会提高经济学家所说的"支付意愿"，这种机制可以让公司的产品定价比竞争对手高。

多年来，与本田和丰田这些日产汽车相比，美国汽车制造商只能通过大幅折扣或其他经济刺激措施才能将自己的基本款汽车卖出去。2010年，福特汽车推出一系列新产品，逐渐结束了长期以来的相对价格劣势。福特新款汽车Fusion以其优良的品质和可靠的性能赢得了广泛赞誉，被《汽车趋势》（*Motor Trend*）和《消费者报告》（*Consumer Reports*）两家杂志的评论家们评为汽车消费者的首选。消费者似乎也认同这一点。2010年福特第三季度利润达到17亿美元，其中有4亿美元归功于价格上涨。

在行业市场，产品或服务对客户的价值（波特称之为"**买方价值**"）通常可以量化，并可以用经济术语描述。一家制造商可能会买一台价格更高的机器，而不选择价格较低的替代产品，因为尽管它价格较高，但节省了人工费用，抵消了购买机器时所支付的更高的费用。

对消费者而言，买方价值可能包含"经济"成分。例如，消费者愿意支付更多的费用购买预先洗过的沙拉以节省时间。与企业客户的商业思维不同，很少有消费者清楚自己为了方便到底支付了多少钱。（例如，我曾经计算过，消费者为磨碎奶酪的非熟练工人支付的时薪远远高于100美元。）

消费者的支付意愿可能更容易受到情感或其他无形因素的影响，或者是对知名品牌的信任，或者是拥有最新电子产品以彰显社会地位。

汽车制造商们打赌，消费者将为较高价格的混合动力汽车买单，尽管混合动力车高出的价格远远超出可以节省下来的燃油费。显然，"非经济因素"在这里发挥了作用。

在食品行业有一个业务量不大但不断增长的领域，情况也是如此。一直以来，鸡蛋都是一种基本必需品，但为什么消费者愿意为一盒鸡蛋支付3~4倍的高价呢？对此有各种各样的解释，而所有的回答都源于人们越来越关注鸡蛋是如何在工厂化农场中孵化出来的。对注重健康的消费者而言，额外的价值是食品安全；对于"农场到餐桌"理念的拥护者，额外的价值是更好的味道；对于善待动物者，额外的价值是农场会人道地对待下蛋的母鸡。

波特对"**差异化**"这一术语的应用有些特立独行，他认为，差异化的本质是有能力要高价。当然，大多数人一听到这个术语就会立即想到"不同"这个词，认为所谓的"差异化"就是成本不同、价格不同。例如，"瑞安航空（Ryanair）的低成本使其有别于其他航空公司"。营销人员对"差异化"有自己的定义：它是在消费者心中确立一种产品与其他产品不同之处的过程。例如：两个品牌的酸奶可能售价相同，但你被告知品牌A"卡路里含量低50%"。

波特另辟蹊径，他专注于探究企业之所以能实现卓越的盈利能力的根本原因。他强调要区分价格效应和成本效应，以此鼓励企业管理者更精准地思考。进一步地讲，对波特而言，差异化就是指有能力要更高的相对价格。我的建议是：只要你真正理解价格和成本的区别，就没必要纠结于语言的表述。当然，你还得提醒自己：战略的目标是实现卓越的盈利能力，相对价格是影响盈利能力的两个因素之一，也就是说，要想盈利，其一就是定价可以比竞争对手高。

相对成本

影响企业能否实现卓越的盈利能力的另外一个因素是相对成本，也就是说，与竞争对手相比，你得设法使你的生产成本更低。为此，你必须找到更为有效的方法来设计、生产、交付、销售和支持你的产品或服务。企业的成本优势可以来自较低的运营成本或源于更有效地使用资本（包括营运资金），或两者兼而有之。

21世纪初，戴尔公司的相对成本一直较低，就是因为它的运营成本低，资本利用率高。当时它的竞争对手，诸如惠普等公司，经过一系列垂直整合后，自行设计和生产组件，根据库存生产电脑，然后通过经销商销售给消费者。而戴尔公司采取的是直销模式，将电脑零部件的生产外包给其他企业，并严格管理供应链，根据客户订单组装电脑。这两种经营模式的成本和投资情况迥然相异。戴尔公司采取的这种模型只需要少量的资金，因为它既不用设计或生产组件，也不用囤积大量库存。20世纪90年代后期，戴尔公司在库存持有天数方面具有显著的优势。另外，当时电脑组件成本骤降，戴尔是在几周后才进行采买，这样就有效地降低了每台电脑的相对成本。而且，戴尔向其供应商支付货款前就已经收到了买家的付款。大多数公司必须为经营业务所需的营运资金寻找资金来源。戴尔的营销战略让整个公司所需的营运成本为负数，进一步增强了公司的成本优势。

可持续的成本优势通常涉及公司的方方面面，绝不是仅凭一项职能或一种技术就可以实现。成功的成本管理者会使他们的成本优势倍增。他们可不仅仅是"低成本生产商"——这是个常用词，意味着成本优势只来自生产领域。一般来说，对这类公司来说，低成本文化渗透到公司的骨髓，无论哪个行业都一样，例如从事金融服务的先锋集团、家具与家居行业的宜家家居、制造通用药品的梯瓦公司（Teva）、折扣零售业的沃尔玛以及钢铁制造业的纽柯钢铁公司等。其中，纽柯钢铁公司成立以来，其生产一直保持着成本优势，而且尽管该公司价值数十亿美元，但多年来，公司总部只有一个牙医诊所那么大，街道对面的熟食店就是高管们的小食堂。

这里有一个重要观念：战略决策的目的是让相对价格或相对成本向有利于公司的方向转变。当然，最终重要的是两者之间的差额，也就是说，战略要使相对价格和相对成本之间形成有利的关系。每一个战略都会产生自己独特的架构。例如，某个战略可能导致成本提高20%，但价格却提高了35%。苹果公司或宝马汽车就倾向于这个战略方向。而另一种战略可能会使成本降低10%，使价格降低5%。宜家家居和西南航空等公司就选择了这种战略架构。如果某个战略最终的配置结果是良好的，那么，根据刚才的定义，该战略就创造了竞争优势。对波特来说，以如此精确、可量化的方式思考是至关重要的，因为它确保了战略是以经济和事实为依据的。

> 战略决策的目的是让相对价格或相对成本向有利于公司的方向转变。

这一重要观念也适用于非营利组织。我们得记住，竞争优势的本质是创造卓越的价值，有效地使用资源。在非营利组织中，战略决策的目的是将相对价值或相对成本向有利于社会的方向转变。换句话说，一个好的战略可以使非营利组织所花费的每一分钱为社会创造更多的价值（类似于企业可以定更高的价格），或者用更少的资源创造同样多的价值（相当于企业降低了成本）。波特的观点也可以应用在非营利组织中，但是要切记，非营利组织的目标是以最大的效率满足特定的社会目标。就这一点而言，营利性组织的管理者更容易操作一些，因为市场价格给了他们一个明确的标准来衡量他们创造的价值。非营利组织的管理者面临着同样的任务——创造价值，但是没有明确的标准衡量他们是否达到了既定目标。

价值链

我们现在对竞争优势已经有了一个简明扼要且具体的定义，即可以长期保持较高的价格或较低的成本，或既能保持较高的价格又可以维持较低的成本，由此而带来的卓越业绩。现在我们得剥掉洋葱的最后一层皮，才能看到核心——我称之为"与管理有关的竞争优势的来源"，这才是企业管理者能掌控的。归根结底，竞争对手之间的所有成本或价格差异都源于企业在竞争过程中采取的数百项经济行为。

现在我们得稍微停顿下，因为这一点很重要，但该用语对大多数企业管理者来说并不直观易懂。从现在开始我会经常提到"经济行为"和"经济行为体系"这两个词，所以首先要明确其定义。一系列经济行为指的是一个一个互不相关的经济职能或经济过程，例如管理供应链、管理销售队伍、开发产品或向客户交付产品。而一个经济行为通常包括人、技术、固定资产，有时还涉及营运资本和各种类型的信息，是多种要素的综合体。

管理者们倾向于从市场营销或物流等这些业务板块来考虑问题，因为他们自己的专业知识或企业职能分工就是这样界定的。但这种划分方式对战略来说就太宽泛了。要理解竞争优势，关键是要聚焦经济行为，经济行为比传统的业务板块更为具体。当然，有些企业管理者会从技术、优势或实力（公司擅长什么）方面考虑问题，但这些方面都很抽象，而且往往也太过宽泛。企业管理者要想考虑清楚到底可以采取哪些行动以影响价格和成本，就必须得脚踏实地关注经济行为层面，"公司擅长什么"就体现在公司所采取的这些具体的经济行为中。

企业设计、生产、销售、交付和支持其产品的一系列活动就是价值链。价值链是一个更大的价值体系的一部分。价值体系指的是为终端用户创造价值的更广泛的经济行为，与进行这些经济行为的主体无关。例如，汽车制造商必须给汽车配备轮胎，而这涉及很多对上游的选择：你是自己制造轮胎还是从供应商那里购买？如果选择自己制造，你是从供应商那里购买原材料还是自行生产？20世纪20年代末，亨利·福特选择在巴西经营自己的橡胶种植园，但这一决策效果不佳。归根结底，企业垂直整合的深度和广度反映了企业在价值体系中所选的定位。

> 企业设计、生产、销售、交付和支持其产品的一系列活动就是价值链。价值链是一个更大的价值体系的一部分。

在价值体系中也有些经济行为的决策涉及下游。20 世纪 20 年代，汽车还是富人们的玩具。为了帮助消费者以信贷的方式购买汽车，通用汽车和其他汽车制造商均成立了自己的消费金融部门。而亨利·福特是一位信念坚定的人，他认为信贷是不道德的，因此拒绝跟随通用汽车的脚步。到 1930 年，75% 的小汽车和卡车都是以分期付款的方式购买的，福特汽车这家曾经一度占据主导地位的汽车巨头市场份额一落千丈。因此，在研究你的价值链时，关键是要了解你的行为与供应商、销售渠道以及客户的行为之间有什么关系。他们的经济行为会影响你的成本或价格，反之亦然。

价值链是波特提出的另一个框架，它经常被企业管理者提及。我相信，大多数人都知道价值链是什么——将一系列相互关联的经济行为比喻为价值链是非常直观的。但很多人不明白价值链有什么用处。为什么价值链很重要？答案就是：价值链是一个强大的工具，可以将企业分解为与战略相关的若干经济行为，这样才能找到竞争优势的来源，发现究竟是什么特定的经济行为才能使企业保持更高的价格或维持更低的成本（如果是非营利组织，那就要发掘是什么经济行为能为服务对象带来更高的价值或降低服务的成本）。

价值链分析的关键步骤

要想知道怎样使用这一工具，最好的方法就是实践。具体步骤如下。

第一，要找出行业的价值链。 每个成熟的行业都有一种或多种主要的路径。它们反映了该行业中大多数公司经济行为的范围和顺序，非营利组织和企业都是如此。实际上，一个行业的价值链就是其现行的商业模式，即它创造价值的方式（见图3-1）。价值链也是行业里大多数企业面对更大的价值体系时选择的定位。

```
研究与开发 > 供应链管理 > 运营 > 营销和销售 > 售后服务
```

- 行业经济行为的上游延伸到哪里？下游延伸到哪里？
- 价值链中每一步创造价值的关键经济行为是什么？
- 比较行业内竞争对手的价值链以了解价格和成本的差异。

图3-1 价值链：创造客户价值的一系列经济行为

行业经济行为的上游延伸到哪里？行业做基础研究①吗？它是否自行设计并开发产品？它自行生产制造产品吗？它依赖哪些关键的投入？这些投入来自哪里？行业市场的普通参与者如何销售、分销并交付产品？融资或售后服务是行业为消费者创造的价值的一部分吗？

在不同的行业里，某些经济行为对于竞争优势至关重要，而某些经济行为就没那么重要。这里的关键是找出哪些是所在行业特有的创造价值的主要经济行为。如果存在不同的商业模式，就需要列出每种模式的价值链，然后寻找与竞争对手之间的差异。

第二，将你的价值链与行业价值链进行比较。 你可以使用类似于本节示例中使用的模板进行比较。我们的目标是要了解行业创造价值过程中的每一个主要步骤。为了解释得更清楚，我举的例子来自非营利组织，因为它非常简单明了。在第四章，我们将研究几个更为复

---

① 基础研究（basic research），即基础科学研究，对研究领域的前沿和交叉学科的新生长点进行探索性研究，这种研究具有前瞻性，以产生新观点、新学说、新理论等理论性成果为目标。与之相对的是应用研究。——译者注

杂的商业价值链。价值链分析框架既适用于企业，也适用于非营利组织。

我们来看一个案例。一些美国的非营利组织会为发展中国家的残疾人提供轮椅。它们的第一种策略，我称之为"轮椅翻新"策略，主要由三项经济行为组成（见图3-2）。

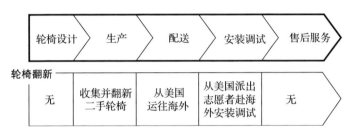

图 3-2　捐赠轮椅：一个关于价值链的例子

- 轮椅来源　从医院、个人和轮椅制造商那里收集捐赠的旧轮椅，然后进行翻新。
- 轮椅配送　将轮椅发往海外，再由海外的慈善机构或非政府组织将这些轮椅分发给最终受援人。
- 安装调试　专业人士（通常是志愿者）也会被派往海外，根据使用者的情况安装调试每一把轮椅。他们提供的这项配套服务是非常重要的，因为轮椅如果没有被安装调试好，会导致使用者出现健康问题。

第二种策略更为简单，我称之为"批量采购"，这种策略只包括两项主要经济行为：筹措资金，然后在成本最低的生产商那里大量购买最基础的标准化轮椅。配送轮椅时无须提供配套服务或其他用户服务。

这种情况下，创造的价值就随价值链的简化（见图 3-3）而相应地变少——这些轮椅不需要单独设计，没有配套的安装调试服务，也没有售后服务。

	轮椅设计	生产	配送	安装调试	售后服务
轮椅翻新	无	收集并翻新二手轮椅	从美国运往海外	从美国派出志愿者赴海外安装调试	无
批量采购	无	购买生产成本较低的轮椅	由生产商直接发送至受援人	无	无

图 3-3　捐赠轮椅：两种不同的价值链

旋风轮椅国际公司（Whirlwind Wheelchair International，简称旋风国际）采取了不同的方式，首先，该公司以不同以往的方式思考它想要创造的价值。1966年，创始人拉尔夫·霍奇基斯还是一名大学生时，一场摩托车事故使他瘫痪了。他第一次坐着轮椅上街时，撞上了人行道上的一处裂缝，轮椅坏了。后来，霍奇基斯成为一名工程师，也是一位自行车制造者，在过去四十年的时间里，他一直在重新设计轮椅，不仅仅是为了他自己使用，更是为了那些发展中国家有需要的人，因为那里的外部环境尤其具有挑战性。他设计的最广为人知的轮椅被称为"硬汉骑士"。我们来看一下旋风国际的价值链经济行为（见图 3-4）。

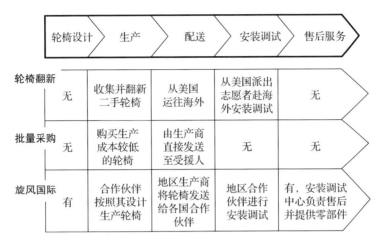

图 3-4 捐赠轮椅：三种不同的价值链

- 轮椅来源　霍奇金斯并没有接受捐赠的轮椅，他称这些轮椅是"医院专用椅"，它们只适合在室内使用。他从价值链的上游着手，要制造真正的"移动流畅"轮椅。一个来自旧金山州立大学的设计团队与轮椅使用者通力合作，设计出了使用便利且适应当地条件的轮椅。将这些以用户为本的设计添加到价值链中，创造出了价值更高的产品。

- 轮椅生产　旋风国际与美国以外的几家国外制造商合作，这些合作伙伴实力雄厚，可以达到有效的规模，而且技术成熟，可以满足旋风国际的质量标准。

- 轮椅配送　在可行的情况下，轮椅会按照平板式包装的方式发运。这种方式的运输成本降低了一半，同时还可以让产品在最终目的地获得一些本地增值。当地的合作伙伴运营的安装调试中心负责组装轮椅并进行调试，另外，他们还备有零部件以进行后期的维护。这延长了轮椅的使用寿命，并解决了轮椅翻新方式的一大难题：由美国境内医院捐赠的轮椅被运往国外后如果缺少零件，就几乎不能被修复。

旋风国际的一系列经济行为成本构成不同，创造了不同的价值。当我们并排比较上述三种不同的价值链，其中的差异就立即显现出来。如果你的价值链与其他公司的价值链看起来没有什么不同，那么你已经陷入了"竞争就是要做最好"的误区。

第三，聚焦价格驱动因素，即那些对产品或服务的差异化可以产生重大影响或可能产生重大影响的经济行为。另外，为了创造卓越价值，你所在企业的经济行为是不是与众不同或其他企业从未开展过？你有能力实施这些经济行为吗？你能否在不增加相应成本的情况下创造这些价值？买方价值可以产生于整个价值链的各个环节。产品设计环节可以创造买方价值，例如旋风国际的轮椅设计。选择的投入或者生产流程本身可以创造买方价值，In-N-Out汉堡之所以成功，关键就靠这两点：这个拥有230多家连锁店的汉堡餐厅只使用最新鲜的食材，并现场制作菜单上有限的菜品。购买体验能创造买方价值，任何去过苹果零售店的人都有这样的体会。同样，售后服务也可以创造买方价值。例如，每家苹果零售店都有一个名为"天才吧"的服务中心，顾客可以在那里免费获得技术支持。旋风国际的备件政策也证明了这一点。无论买方是企业还是家庭，你都需要从整个价值体系审视所在企业的经济行为，这是理解买方价值的关键。

第四，重点关注成本驱动因素，尤其是那些在总成本中占比较大或占比不断上升的经济行为。当价值链上各个环节中的经济行为不断进行时，成本会不断累计，相对成本位置⊖（relative cost position，RCP）就是在这个累计成本的基础上逐渐形成的。你的成本结构与竞争对手的成本结构之间是否存在实际或潜在的差异？这里的难点是要尽可能准确地了解与每项经济行为相关的全部成本，不仅包括直接运营成本和资产成本，还包括因这些经济行为而产生的间接成本。⊜

为了处理这个问题，你可以问问自己：如果停止某项经济行为，那么可以削减哪些具体的日常开支呢？

对于每项经济行为，取得成本优势或成本劣势取决于成本驱动因素，或对相对成本的一系列影响。当我们认真研究有关数据以找到应该采取什么措施降低成本时，就会知道相对成本分析到底有什么用处了。如果要举一个完整的案例对此进行说明，估计要耗费一章的篇幅。我在这里仅提供一个简短的示例，来让你明白我的意思。长久以来，西南航空一直享有成本优势，其单位可用座位里程的相对成本较低。要找出其中的原因，你需要列出西南航空所有的经济行为，并列出每项行为的成本，然后与其他航空公司的成本进行比较。现在让我们只关注一项经济行为：飞机在登机口的中转。西南航空的航班中转得更快，因此它获得了更多的资产收益——其单位航班和单位人工的成本均低于竞争对手。

了解到飞机在登机口的中转时间是航空公司的一个重要的成本驱

⊖ 相对成本位置是用于成本分析的关键指标。根据企业的单位成本与其竞争对手的单位成本的比较以及对客户业务的了解，可以确定企业的实际成本位置。——译者注

⊜ 按照经济行为计算成本的方法已经存在了数十年，但不可否认这样计算成本的确很难。会计系统提供了成本数据，但是企业管理者并不能根据这些数据了解相对成本。关于分析竞争优势的进一步指导，请参阅本章的专栏。

动因素，现在我们可以更深入地研究飞机中转期间所发生的诸多具体的经济行为。你需要在不牺牲客户价值的前提下降低成本，这样才能拉开你和竞争对手之间业绩的差距。比如，每架飞机降落后，厕所的水必须排干。要做到这一点，就需要将一台设备连接到服务面板上。西南航空发现，这干扰了地勤人员的其他服务工作，于是它提出了解决方案：让其供应商波音公司在新机型737-300上重新设置服务面板的位置。

你真的拥有竞争优势吗？先量化，再分析

第一，与行业内的其他企业相比，你的企业每一项业务加起来的长期盈利能力怎么样？在美国，1992~2006年，企业的平均净资产收益率约为14.9%（净资产收益率＝息税前利润÷（平均投入资本－超额现金）），这一收益率伴随着商业周期的变化而有所不同。你的企业的收益率是高于平均值还是低于平均值？如果高于平均值，说明某些因素对你有利；如果达不到平均值，那就是有些地方出了问题。无论哪种情况，都要深入挖掘其根源。

第二，将你的企业的业绩与所在行业的平均收益率进行比较，时间段需要涵盖过去的5~10年。因为盈利能力会受到很多如同天气般变化莫测的因素的影响而产生波动。这就要求选择一个较长的时间跨度，最好与你所在行业的投资周期相匹配。这样的比较结果会让你知道你是否拥有竞争优势。

假设A公司的收益率为15%，所在国企业的平均收益率为

13%，而行业基准为10%。通过对行业结构的分析，可以明白为什么该行业的整体平均收益率比全国平均水平低3%。但是A公司的收益率比行业平均水平高5%，这表明它具有竞争优势。在这种情况下，A公司的战略没有问题。当然，它也必须应对行业结构带来的挑战。区分企业盈利的这两个来源是非常重要的，因为影响行业结构的因素和决定企业相对地位的因素截然不同。如果一家企业不了解其利润来自何处，就无法制定正确的战略为企业谋得利润。

第三，继续深挖，了解为什么企业业绩低于或高于行业平均水平。这就需要将企业的相对业绩分解为两个部分：相对价格和相对成本。相对价格和相对成本对于理解战略和业绩是必不可少的。

在上述的案例中，A公司比行业竞争对手的平均收益率高5%。首先，其价格（经优惠和折扣调整后）比行业平均水平高8%。为了达到这么高的定价，A公司必须增加投入。在这种情况下，它的相对成本比行业平均水平高3%。这就解释了A公司的收益率为什么比行业平均水平高5%。

第四，让我们进一步深挖。在价格方面，价格抬高抑或价格折扣均可以归因于特定产品线的差异、消费者差异、地理区域差异以及产品折扣力度差异。在成本方面，将成本优势或成本劣势分解为两个方面——运营成本（损益表）和资本利用（资产负债表），会给我们更多启示。

这些基本的经济关系是企业业绩和战略的基础，它们决定了企业能否盈利，战略就是塑造这些经济关系。

西南航空的案例告诉我们，找出影响成本的因素好比侦探工作。这个过程既需要创造力又要有严谨的分析。当然，最简便的办法就是接受所在行业的普遍做法。例如，在20世纪90年代，大多数汽车公司都相信规模是影响成本的决定性因素，如果一家公司的年销售量少于400万辆，就会被成本所吞噬。秉持这种信念，各大车企掀起了一场疯狂的并购潮，其中很多并购后来都被撤销了。

诚然，规模在汽车行业中很重要。但更为关键的是要更深入地理解成本驱动因素。例如，本田是一家规模相对较小的汽车公司，这可能会让你得出结论：本田在成本上处于劣势。但本田是世界上最大的摩托车生产商，并且按照其总体量而言，它是一个庞大的发动机生产商。由于发动机占一台汽车成本的10%，而本田可以在其整个产品线上摊销发动机的开发成本，这种范围优势弥补了其整体规模上的不足。此外，本田专注于发动机的研发，这也为其产品差异化做出了贡献，有利于其定价。

战略意义：波特的勇敢新世界

波特在《竞争优势》（1985）一书中首次深入地阐述了价值链的概念。可以毫不夸张地说，价值链改变了企业管理者看待世界的方式。现在我们来看看价值链思维所带来的巨大影响。

首先，价值链会让你认识到每项经济行为不仅仅产生成本，还是为产品或服务增加一定价值的必要步骤。随着时间的流逝，这种观念已经彻底改变了各个组织定义其业务的方式。例如，35年前，股票交易是通过证券经纪人操作的，需要支付很高的佣金。如果想进行交易股票，只能通过经纪人，当然，这种方式很适合那些有能力支付高昂佣金的富人。那时，每个人都理所当然地认为这项业务就应该这么做。

> **价值链会让你认识到每项经济行为不仅仅产生成本，还是为产品或服务增加一定价值的必要步骤。**

但是，当你开始将该业务视为一系列创造价值的经济行为的综合体时，会发生什么呢？你会看到，经纪人的工作整合了一整套的经济行为，从研究证券行情到分析证券走势，到执行证券交易，再到为客户发送月度报表。所有这些经济行为的成本都包含在佣金中。查尔斯·施瓦布围绕一条不同的价值链创立了以他自己的名字命名的公司，并推出了一项新的经纪人业务类别，即"折扣证券经济人"业务。并非所有的客户都需要经纪人提供建议，那么他们为什么要为此支付佣金呢？如果去除那些与提供建议相关的所有经济行为，转而专注于执行交易，就可以创造一种不同的价值——低成本交易，这种交易方式可以让更广泛的客户群体购买股票。将价值链（公司内部开展的经济行为）与客户对价值的认识相匹配在25年前还是一种新的思维方式，今天，它已经成为人们的共识。

其次，价值链思维所带来的第二个重要影响是：它迫使你超越自己的组织及组织内各种经济行为的界限，认清自己是一个更大的价值体系的一部分，这里面还有其他的参与者。例如，如果你想像麦当劳一样开一家快餐店，售卖品质恒定、美味的炸薯条，那么如果出现状况，你就不能对顾客找借口说马铃薯供应商没有足够的存储设施。因为顾客不在乎谁有错，他们只关心购买的薯条的质量。为此，麦当劳就不得不进行一些特定的经济行为，确保从马铃薯种植者那里采购的所有马铃薯均达到其标准。

同时，价值体系中的每个人都应该明晰他们在更大的价值创造过程中所扮演的角色，即使他们与终端用户不直接接触。大多数葡萄酒爱好者都知道，打开一瓶很棒的葡萄酒倒给客人喝，却发现酒中有软木塞的味道，这简直太扫兴了。葡萄酒业称之为"瓶塞污染"。20世纪90年代，葡萄酒制造商和销售商对这一问题实在是忍无可忍了。他们希望软木塞制造商提出解决办法。谁也不想让这么一个廉价的小木塞毁了如此昂贵的葡萄酒的价值。

大部分软木塞的原料来自葡萄牙和其他地中海国家的树木，几个世纪（而不只是几十年）以来，这些地区几乎垄断了葡萄酒软木塞的生产。因此，软木塞生产商的反应迟缓也就不足为奇了。他们的技术是从软木橡树的外层树皮上把软木割下来，而不损伤树木。他们是手工工人——基本都是农民，不是化学家。

这为诺玛科公司等塑料生产商提供了一个机会，让他们也能在市场上分一杯羹。诺玛科的价值链使其能够相对容易地研究污染葡萄酒的化学成分，并解决问题。当传统的软木塞生产商还停留在一种陈旧的思维模式（"我们是做软木塞生意的"）中时，塑料生产商却可以看到如何成为一个更大的价值创造过程的一分子。截至2009年，诺玛科公司在北卡罗来纳州的自动化工厂每月生产近1.6亿个塑料瓶塞，它生产的合成软木塞占据了20%的市场份额。

价值链的这种相互依赖性具有巨大的意义。对制定战略而言，跨界管理（无论是在企业与客户之间，还是在企业与供应商之间，或是在企业与业务合作伙伴之间）与企业内部管理同等重要。使用波特的价值链结构类似于第一次用显微镜看事物。突然之间，企业管理者们可以看到各种关系，而之前他们对此视而不见。

价值链是分析公司的相对成本和相对价值的一个重大突破。价值链让企业管理者的注意力集中在那些产生成本并为买家创造价值的具体经济行为上。尽管管理者们经常大谈特谈他们组织的技能或能力是如何创造价值的，但经济行为才是实在和具体的。显然，诺玛科在化学领域拥有大多数企业管理者所说的"核心竞争力"。而它在葡萄酒市场上的竞争成功是由于它决定将这些能力应用在具体的经济行为中，这些经济行为提高了葡萄酒瓶塞的设计和制造水平。

你能找到获得竞争优势的方法吗

现在我们对竞争优势有了一个完整的定义：由于采取不同的经济行为而造成相对价格或相对成本的差异（见表3-2）。无论一家企业在哪一方面取得了竞争优势，其经济行为必定会与其他企业有所不同。但这些差异可以以两种不同的形式体现：企业可以采取与竞争对手相同的一系列经济行为，但表现得更好，也可以采取一系列不同的经济行为。到目前为止，你应该已经意识到第一种形式是"竞争就是要做最好"。而且，现在我们也应该已经明白为什么这种方法不太可能产生竞争优势。

表 3-2 竞争优势来自企业价值链中的各项经济行为

经济行为	采取与竞争对手相同的经济行为，但执行得更好	采取与竞争对手不同的经济行为
创造的价值	以较低的成本满足相同的需求	以较低的成本满足不同或相同的需求
优势	具有成本优势，但很难持久	可以长期维持较高的价格或较低的成本
竞争	竞争就是要做最好，以执行力竞争	竞争就是要争独特，以战略竞争

波特用"运营有效性"（operational effectiveness，OE）一词来表达一家企业在相似的经济行为上表现得比竞争对手更好。大多数企业管理者会使用"最佳实践"或"执行力"这些术语来表达同样的意思。不管你喜欢用哪个术语，我们谈论的都是使公司提高资源使用率的各种实践。重要的是，不要将运营有效性与战略混为一谈。

首先，我们要认识到运营有效性的差异是普遍存在的。有些公司在减少服务失误、保持货架充足、留住员工或者减少浪费方面做得更好。这样的差别可能是竞争对手之间盈利能力差异的重要来源。

但是，仅凭提高运营有效性并不能产生强大的竞争优势，因为"最佳实践"的优势很少是可持续的。一旦一家企业确立了一种新的最佳实践，它的竞争对手往往很快就会竞相效仿。这种无休止的效仿有时被称为超级竞争。在商业媒体和企业顾问的助推下，最佳实践迅速传播开来，这些企业顾问围绕标杆分析法及质量（或持续）提升计划创立了一个行业。那些适用于多家企业和多种行业环境的最通用的解决方案传播得最快。（试问，现在还有哪个行业尚未实施全面质量管理吗？）

类似的方案的确很吸引人。企业管理者在公司内部实施最新的最佳实践时，他们会因为取得了切实的进步而得到奖励。但这会限制他们的眼界，使他们很容易忽视公司外部正在发生的事情。在最佳实践上的竞争提高了每个人的标准。尽管运营有效性有绝对的改善，但不存在相对的提升。最佳实践不可避免的扩散意味着，每个人都必须跑得更快才能维持自己原来的位置。

没有哪家公司能承受效率低下的执行力。即使是最独特、最有潜在价值的战略也会被低下的效率打得体无完肤。假设你与竞争对手采取了同样的经济行为，我打赌，你不太可能实现竞争优势，也就是说你的价格或成本不太可能长期维持这种良好的差异态势。日本企业是最擅长运营有效性竞争的，但是，正如波特详细的工作记录所示，运营有效性的竞争甚至导致日本企业中的佼佼者也长期盈利能力低下。

竞争，究其核心，是一个对抗过程，它使一家企业难以维持相对价格和相对成本的差异。"竞争就是要做最好"的追求好比一个巨大的校平器，加速了这一进程。在接下来的四章里，我们将看到建立在一系列独特的经济行为基础上的战略是如何实现并保持竞争优势的。简言之，战略是竞争的解毒良药。

竞争优势的经济基本面

- 以股东价值、销售回报率、增长和市场份额等这些常见的指标衡量战略是有误导性的。战略的目标是利用好资源，从而获得丰厚的回报，因此，最好的衡量指标是资本回报率。

- 竞争优势并不是为了击败对手，而是要创造卓越的价值，扩大买方价值和产品成本的差距。
- 竞争优势意味着与行业内的竞争对手相比，你能够长期保持更高的相对价格或维持更低的相对成本，或两者兼而有之。如果你的企业拥有竞争优势，就会体现在损益表上。
- 对非营利组织而言，竞争优势意味着所花费的每一分钱都会为社会创造更多的价值（类似于企业可以定更高的价格），或者用更少的资源创造更多的价值（相当于企业降低了成本）。
- 企业施行的各项经济行为最终决定了相对价格和相对成本的差异。
- 公司的价值链是其所有创造价值和产生成本的经济行为的集合。这些经济行为以及其集合而成的价值链是分析竞争优势的基本单位。

Understanding
Michael Porter

第二部分

什么是战略

任何计划或规划都可以被称为战略，大多数人也都是这样使用这一术语的。但是一个好的战略，即能够给企业带来卓越业绩的战略，绝非如此简单。简单来说，企业拥有竞争优势意味着它不但为客户创造了价值，并且还有能力为自己获取价值，因为企业在行业中选择的定位有效地保护其利润免受五种力量的吞噬。这句话有点拗口，我还是说得简单直白点：就是企业通过独树一帜的做法找到了一条获得更好的业绩的途径。

波特对战略的定义是规范性的，而不是描述性的。通过他的定义，你可以区分哪些是好的战略，哪些是不好的战略。波特关注的是战略的内容，而不是制定战略的过程。他强调的是结果，而不是为了实现这个结果所采取的一系列决策——他既不关心你如何甚至是否进行战略规划，也不理会你的战略是否可以用50个字或更少的字来概括。该领域的其他人一直关注的是诸如此类的合理而重要的过程以及人员问题。但是，波特一直坚持自己的观点，认为战略就是创造竞争优势并长期保持这一优势的一般原则。

在第二部分，我们将介绍每个优秀的战略必须通过的五项测试：

- 独特的价值主张
- 量身定制的价值链
- 与竞争对手不同的取舍
- 价值链的各项经济行为的协同契合性
- 持续性

我们将看到上述这几项测试内容对战略及其持续性的影响。

第四章
CHAPTER 4

战略的核心：创造价值

战略需要通过的第一项测试是看它是否包含独特的价值主张，这一测试内容相当直观，所以很多企业管理者认为，如果他们能够做到这一点，他们就拥有了战略。选择为你的客户创造特定类型的价值是"竞争就是要争独特"这一理念的核心。但是，让我们再回想一下竞争优势的定义：由于采取不同的经济行为而造成的相对价格或相对成本的差异。这意味着你的价值链必须量身定制，如此才能实现你的价值主张。可以真正实现的价值主张如果没有相应的价值链就无法产生可持续的竞争优势。由此，战略需要通过的第二项测试是看它是否形成了量身定制的价值链，这项测试内容既不明显也不直观。

战略的这两项核心要素如何相互关联呢？它们与行业结构和竞争优势又是如何联系起来的？这就是本章的主题。战略意味着要谨慎选择一系列不同的经济行为来创造独特的价值组合。如果所有的竞争对手都以同种方式生产，以同种方式分销，以同种方式服务，等等，那么用波特的话来说,他们在追求的是"竞争就是要做最好",而不是凭借战略而竞争。

第一项测试:独特的价值主张

价值主张是战略的要素之一,它着眼于客户,着眼于企业的需求侧。价值主张反映了企业为客户提供特定价值的一系列选择,无论这些选择是有意识的还是无意识的。波特认为,价值主张应回答三个基本问题(见图 4-1)。

- 你将服务哪些客户?
- 你将满足哪些需求?
- 你如何制定相对价格才既能为客户所接受,又可以让公司实现一定的盈利?

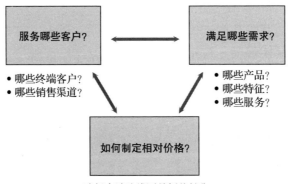

图 4-1 价值主张需要回答三个基本问题

> 价值主张是战略的要素之一，它着眼于客户，着眼于企业的需求侧。价值链关注于企业的内部运营。战略从根本上将需求侧和供应侧整合到一起，统筹考虑。

1996年波特在《哈佛商业评论》上发表文章《什么是战略？》，上述定义反映了他撰写这篇文章之后的思想演变。当时，他在文章中提到了定位的三个来源：品类、需求以及接触途径。随后，波特进行了一系列工作，形成了上述更完整的理念，过去的十年里，他在无数的演讲和讲座中对此均有详细阐述。

服务哪些客户

在一个行业内，通常有不同类型的客户群体或客户细分群体。价值主张可以有针对性地服务于一个或多个客户细分群体。对于某些价值主张，首先要选择客户。然后这个选择会直接指向价值主张三角的另外两边：需求和相对价格。

细分客户群体通常是做好行业分析的一个不可或缺的环节，而选择目标客户群体是面对五种力量进行定位的重要基石。在接下来的例子中，请注意它们各自不同的细分基础：沃尔玛的客户细分是基于客户所处的地理位置，前进汽车保险公司（Progressive）是基于人口统计数据，而爱德华·琼斯金融服务公司（Edward Jones，简称琼斯金融）则基于客户的心理统计特征。

沃尔玛是全球最大的零售商，年销售额超过4000亿美元。鉴于此，服务于哪类细分客户这个问题似乎无关紧要。但是，与所有大公司一样，沃尔玛也是从小做大的，初创时它必须要选择一个起点。服务于特定的客户群体让它有了良好的开端。20世纪60年代，沃尔玛刚开始营业，当时折扣零售是一种新型的颠覆性商业模式。尽管早期的折扣零售店都集中在纽约这样的大城市和大都市地区，但沃尔玛的创始人山姆·沃尔顿却独辟蹊径：他选择在偏远的乡村小镇开设店面，这些小镇的人口基本在5000～25 000之间。沃尔玛的"关键战略"，用沃尔顿自己的话来说，"是将大型超市开在其他人都忽略的小镇"。

如果采用五力分析法，就会发现，正是这种对客户群体的选择让沃尔玛免于与其他折扣店直接竞争。尽管大多数人倾向于认为沃尔玛非常擅长在激烈的竞争中生存，但一开始沃尔玛完全规避了与同行正面竞争。沃尔玛的这一做法让它获得了多年的喘息空间，从而巩固并发展了它作为"每日低价"供应商的定位。

前进汽车保险公司是一家总部位于俄亥俄州的汽车保险公司，其目标客户是那些整个行业都不太愿意接待的客户群体——所谓的"非标准"司机，这些司机发生事故并提出保险理赔的概率更高（例如：摩托车车主或有酒驾记录的司机）。通过服务这一特殊的客户群体，30年来，前进汽车保险公司蓬勃发展。这些"非标准"司机寻找保险公司投保时，几乎没什么选择余地，因此，他们基本上也毫无议价能力。

最后，我们再来研究一个理财行业的案例。众所周知，几乎每家理财公司都在追逐相同的客户——高净值个人，这是根据人口统计学特征而细分的客户群体。而爱德华·琼斯金融服务公司却并非这泱泱大军中的一员。作为美国一直以来最成功的经纪公司之一，30年来，它关注的不是客户拥有多少资金，而是他们对投资的态度。琼斯金融专注于为那些比较保守的投资人服务，这些投资人将财务决策委托给他们信赖的财务顾问。从五种力量的角度分析，这一客户群体对价格的敏感度较低，对品牌的忠诚度却比较高。

在上述的案例中，价值主张针对的目标客户均为行业普遍忽视或回避的客户群体。很多企业都做出了这样的选择，但这对战略的成功不是必要的。例如，在保险领域，美国 USAA 保险公司一直表现出色，其价值主张针对的就是行业钟爱的低风险客户。真正的关键是，找到一种独特的方式为选定的目标客户群体服务并获得利润。

满足哪些需求

很多情况下，企业要首先选择需要满足哪些需求，接着再选择另外两方面。在这种情况下，战略是建立在满足某种需求或某些需求的独特能力的基础上的。这种能力通常来自产品或服务特定的特点。这种针对"满足哪些需求"的价值主张对某些客户很有吸引力，他们可能不符合传统的客户细分理念。公司的客户群体并不是按照明确的人口统计类别区分的，而是根据他们在给定时间内有哪些共同需求而划分出来的。

> 这种针对"满足哪些需求"的价值主张对某些客户很有吸引力，他们可能不符合传统的客户细分理念。

企业租车（Enterprise Rent-A-Car）是北美汽车租赁服务市场的领导者，不仅规模超过了曾经占据主导地位的赫兹租车（Hertz）和安飞士租车（Avis），而且它的利润也更加丰厚。它是行业内唯一一家长期保持卓越的盈利能力的大公司，因为它几十年来一直奉行一种特立独行的战略。

企业租车的价值主张基于一个简单的洞察：租车就是要满足租车人在不同时间的不同用车需求。赫兹租车及其行业中的追随者的主要业务来自商旅人群。而企业租车却认识到，一部分租车业务（大约40%~45%）其实来自本地居民，虽然占比不是最多的，但是数量也很可观。比如，如果有人汽车被盗了或在事故中损坏了，那么他就需要临时租车。在这种情况下，保险公司可能会承担租车费用，支付的价格通常会有合同限制。企业租车大约1/3的收入来自保险公司。还有许多其他情况也会促使本地居民在当地租车，例如，当居民家里的汽车出现机械故障或孩子们放假回家时。在所有这些用途中，本地租车者往往比外来的商旅人士对租车价格更为敏感。

企业租车制定了独特的价值主张来满足这些需求——价格合理、手续便捷、本地租车。与赫兹租车和安飞士租车相比，企业租车选择了以不同的相对价格满足不同的需求。这并不是说企业租车是最好的汽车租赁公司，也不是说它所服务的市场环境更好。但是它从一开始就确定了要满足哪些特殊的需求，在价值主张上做出了不同的选择。企业租车的客户定位打破了传统租车市场按照人口特征划分客户群体的方式。

2000年，Zipcar在马萨诸塞州的剑桥市成立，该公司一直致力于寻求一条标新领异的道路，服务本地居民的租车需求。它的价值主张针对的是另外一类有不同需求的客户群体（见图4-2）。该公司的会员被称为"Zipsters"，他们通常是那些不想自己买车但需要偶尔使用汽车的人。Zipcar 为他们提供租车服务，租期可短至 1 个小时。

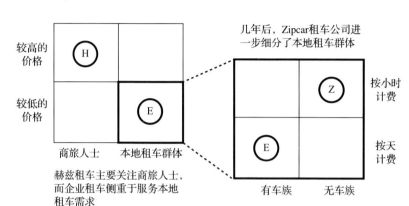

图 4-2　租车客户群体定位图

注：图中 H 代表赫兹租车，E 代表企业租车，Z 代表 Zipcar。

Zipcar 提供的服务是一个复杂且有深意的价值组合：非常便利的提车和还车操作、极其灵活的租期、明确的全包价格（包括车险和燃油费），以及与这一快速成长品牌相关的"酷"的感觉。我还得补充一点，由于这家公司正处于发展初期，毫无疑问，它将继续探索其价值主张的边界，并在应用中根据情况进行调整。

如何制定相对价格

对于某些价值主张，首先考虑的是相对价格。例如，有一些价值主张针对的是行业中被过度服务的客户（他们还得因此支付过高的价格）。企业可以通过削减不必要的成本和恰到好处地满足客户需求来赢得这些客户。在产品方面，想想只能打电话、发短信的基本款手机和价格昂贵、功能多样的智能手机之间的区别吧。在客户被过度服务的情况下，制定较低的相对价格更为重要。

与上述情况相反的是，一些价值主张针对的是另外一个客户群体，他们的服务需求未得到充分满足（当然，这类服务或产品的定价也偏低）。例如，有的乘客放弃了商用航班的头等舱而选择 NetJets 航空公司的航班，是因为他们希望能够得到更优质的服务，并愿意为此支付高昂的费用。同样，Bang&Olufsen（B&O）的产品不仅拥有卓越的音质，还为其消费者提供了其他高端音响设备没有的特色。它的产品外观令人耳目一新，消费者们也愿意为之支付更多的费用。像 B&O 这样的价值主张，重点在于考虑没有被满足的需求，而更高的相对价格弥补了公司由此而产生的额外成本。

美国西南航空公司——应对行业过度服务的先行者

关于西南航空的创立，有一个广为流传的故事。20 世纪 60 年代，"几个人闲聊，想出了一个点子：'现在有很多航空公司，每天只飞几个航班，却收取很高的票价，我们为什么不开一家航空公司，每天提供多次航班，票价却只要几美元呢？'"。简而言之，这就是西南航空的价值主张：以极低的价格提供极其便捷的航空服务。

西南航空是世界上最成功也是被竞相效仿得最多的航空公司，它通过以极低的价格恰到好处地满足乘客需求而蓬勃发展。创始之初，这家航空公司毫不起眼，1971 年时仅有飞往得克萨斯州的三个城市的航班，而现在，无论是企业规模还是盈利能力，西南航空在航空业均名列前茅。30 年来，它的价值主张一直有别于其他航空公司。

西南航空并没有像其他航空公司那样承诺带你去任何想去的地方，也没有提供曾经是行业标准的基本服务：飞机餐、指定座位、行李转运。全服务航空公司（也许这一术语已经不再能准确地描述那些成本和价格较高的传统航空公司了）对大量乘客提供了过度服务，而这些乘客转而改乘西南航空低廉的短程点对点航线。

西南航空独特的价值主张使得它处于五种力量的特殊位置。众所周知，航空业的竞争尤为激烈，原因如下：

- 供应商，尤其是工会，还有飞机制造商，它们均实力强劲。
- 买方也很强大，因为他们对价格敏感且转换成本低。
- 竞争对手为了摊销较高的固定成本，通过价格竞争赢取客源。
- 新进入者带来持续的威胁，因为航空业的进入壁垒比大部分人所预想的要低。租用几架飞机就可以创办一家航空公司。
- 替代产品压低了机票价格。乘客可以选择其他交通工具，尤其是在短途旅行的情况下。

当今航空业一直处于自我毁灭式的价格竞争中，西南航空相对较低的成本为其在激烈的竞争中提供了庇护。此外，其价值主张让它在与五种力量中的替代产品力量的关系中占据了独特的位置。某些对价格敏感的旅客平时习惯开车或乘坐汽车，而西南航空低廉的票价吸引了他们。早些年，一位股东曾询问首席执行官赫伯·凯莱赫能否将其票价仅仅提高几美元，因为它在达拉斯－圣安东尼奥航线的票价只有15美元，远低于其对手布兰尼夫国际航班（Braniff）的62美元。凯莱赫的回答是否定的，他说："我们真正的竞争对手是地面交通运输，而不是其他航空公司。"

西南航空成立初期，只飞达拉斯、休斯敦和圣安东尼奥这三个城市，首次扩张时，却选择了得克萨斯州的哈林根，这是位于里奥格兰德河谷的一个小镇，可能很少有人听说过。在西南航空推出此航线的前一年，仅有123 000名乘客从上述三个城市飞往里奥格兰德河谷。但在西南航空通航哈林根不到一年后，年客运量跃升至325 000人次。

价格并不是西南航空出奇制胜的唯一法宝，乘客选择该航空公司的另外一个原因是它的便利性。首先，它的班次频繁，乘客可以随心所欲地出行。其次，它的航班很准时，顾客不会因航班延误而漫长地候机。最后，西南航空战略的重中之重——它的二级机场更靠近市中心，减少了旅客的总旅行时间。这些便利的因素吸引了众多商务旅客。

西南航空并没有在创立的第一天就将它的价值主张考虑得面面俱到，其实也很少有公司能做到这一点。它在实践中逐渐学习。这里有一个经典的案例可以说明西南航空是如何在实践中获得真知的。1971年，休斯敦的一架飞机要在周末飞往达拉斯进行例行维护。时任首席执行官拉马尔·缪斯可不想让飞机这么空着飞过去，他认为有一些收入总比没有好。于是，周五夜间这架航班的票价仅定为10美元，是该航线标准票价20美元的一半。打折机票一经推出，立即售罄，为这家苦苦挣扎的初创企业提供了一些额外资金。

比获得资金更为可贵的是西南航空对乘客心理的洞察，这改变了游戏规则。很显然，有些旅客对价格更为敏感，但对飞行时间不那么在意。缪斯立即行动，他将高峰期的票价提高至26美元，非高峰期票价降低至13美元。这种多级定价现在已经成为行业的标准做法，但在当时，这是一项重大的创新。由此，西南航空得以进一步细分客户群体并提高飞机的上座率。较低的非高峰票价吸引了大量的休闲旅客，他们比商务旅客对价格更敏感，在出行安排方面有更大的灵活性。

西南航空的价值主张打破了传统的客户群体划分，在不同的时间段吸引了商务旅行者、家庭和学生这些不同的客户群体。西南航空并不是致力于一直满足某一客户群体的所有需求，而是在各个时间段满足许多客户的某种需求。几十年来，西南航空创造了一种独特的价值，使其有别于其他航空公司。

尽管西南航空一直被竞争对手广泛效仿，但这并不是说它已经为航空业找到了"最好"的价值主张。它只是以特定的相对价格"最好"地满足了某种特定的需求。

阿拉文德眼科医院——应对行业服务不足的新表率

1976年，印度的退休军医戈文达帕·文卡塔斯瓦米（Govindappa Venkataswamy）创建了阿拉文德眼科医院（Aravind Eye Hospital），他被人们称为V博士（Dr. V），是一位理想主义者。V博士不需要详细的市场细分图，就能认识到印度有很多人在眼部治疗方面获得的服务严重不足。数百万印度人罹患白内障后，由于无法支付手术费用而永久失明。医院成立初期，只有3位医生和11张床位，现在阿拉文德眼科医院已经发展成为世界上最大的眼科医院，每年做大约30万台手术，其中至少2/3是免费手术。

阿拉文德眼科医院有一个非常独特的价值主张，确切地说应该是有**两个**价值主张。第一个主张是针对富裕的病人，他们有钱，希望得到最好的眼部治疗。这些客户要在顶级的医院由最好的医生做手术，他们愿意按照现行的市场价格为先进的医疗服务支付费用。

第二个主张是针对那些无法承担手术治疗费用，但不手术就会失明的病人。阿拉文德眼科医院让他们重见光明，回归正常人的生活。这些病人所获得的医疗服务与那些支付费用的富裕病人相同——同样的医生、同样的手术室。他们的住宿和餐饮标准被大大降低，但费用也大大降低，他们基本不用支付任何治疗费用。

阿拉文德眼科医院之所以能够蓬勃发展，是因为它以两种不同的价位满足了截然不同的两类客户群体的重要需求。最值得注意的是，阿拉文德眼科医院在财务上可以自给自足——既不需要政府补贴，也不依赖慈善捐款，尽管它的成功吸引了越来越多的慈善机构的捐款。在过去的30多年里，它所奉行的战略被证明是持续可行的。

就大多数企业而言，价值主张三角可能有多种组合方式。一些公司几乎为市场上的所有客户提供服务，但只满足他们的某个特定的需求或一部分需求；还有一些公司更专注于服务某一特定的客户群体，但旨在满足这些客户更多的需求；有些公司走高端精品路线，以较高的价格提供更高价值的服务或产品；还有些公司由于企业效率高，走的是低端大众路线，能以较低的价格满足客户的需求。

对战略的第一项测试就是：你的价值主张是否与竞争对手不同。如果你与行业内大多数企业一样，服务相同的客户，满足相同的需求，以同等的相对价格销售产品或提供服务，那么根据波特的定义，你根本就没有战略。你的竞争就是要做最好。

> 对战略的第一项测试就是：你的价值主张是否与竞争对手不同。如果你与行业内大多数企业一样，服务相同的客户，满足相同的需求，以同等的相对价格销售产品或提供服务，那么根据波特的定义，你根本就没有战略。

第二项测试：量身定制的价值链

如果你试图描述一个战略，可能很自然地会从阐述其价值主张开始。诚然，从满足客户需求的利益组合角度来考虑战略很直观，但是战略需要通过的第二项测试就会经常被忽视，因为它一点儿也不符合直觉。波特对第二项测试是这样解释的：一个具有特色的价值主张不会转化成一个有意义的战略，除非实现它的最佳经济行为与竞争对手的行为不同。他的逻辑简单却令人信服："如果不是这样，那么每个竞争对手都可以满足相同的需求，定位也就不会有独特性和任何意义。"

洞悉客户的需求很重要，但这还不够。战略和竞争优势的本质在于企业所进行的**经济行为**，要么选择以不同的方式进行经济行为，要么进行不同的经济行为。我们前述提到的每个组织都是这样做的，它们根据自己的价值主张制定量身定制的价值链。

沃尔玛、前进汽车保险公司与爱德华·琼斯金融服务公司

前面我们提到过三家公司，它们的价值主张针对的是为特定的客户群体提供服务。让我们再回到这几个案例，通过重点观察每家公司根据其客户群体而选择施行的主要的经济行为，以及这些经济行为的选择与那些为不同客户提供服务的竞争对手相比有何不同，来了解它们量身定制的价值链。

先来看沃尔玛。很多折扣店都选择在大城市开设门店，沃尔玛则更青睐于小城镇，这些城镇距离最近的城市可能还有四个小时的车程。

沃尔顿对这些地方特别了解，他很有信心地认定：如果沃尔玛的商品价格能够持平或低于大城市折扣店的价格，这些小城镇的居民就会选择在本地购物。此外，沃尔玛所在的城镇市场规模较小，需求量不多，无法再多养活一家大型零售商，这是一个强大的进入壁垒。作为第一家进入城镇市场的折扣零售商，沃尔玛抢占先机，阻止了其他竞争对手进入它的地盘，并且给自己赢得了时间让公司的竞争优势——在全美乃至全球市场上提供每日低价的商品——趋于稳定。

前进汽车保险公司的目标客户给该公司带来了一项特殊的挑战：怎样才能让容易出险的司机变成有利可图的客户？前进汽车保险不能墨守成规，它得制定一条针对这一特殊客户群体的价值链。首先，它以一种不同的方式进行风险评估：它构建了一个指标更为细化的大数据库，可以更好地预测事故的发生概率。根据这些数据，可以在那些其他保险公司普遍认为容易出险的司机中找到良性客户。例如，在有酒驾前科的司机中，有孩子的司机再次酒驾的可能性最低；在摩托车手中，40岁以上的哈雷车主可能不太经常骑他们的摩托车。前进保险公司根据这些信息来设定保费，这样即使面对那些最让行业头疼的客户也能从中获利。从前进汽车保险公司的上述做法可以看出，它的竞争优势来自根据不同的风险而制定不同的相对价格。

其次，鉴于事故理赔可能时有发生，前进汽车保险公司专注于在发生事故后将成本降至最低。例如，它发现，理赔得越快，保险公司可以节省的费用就越多。（理赔时间越短，客户提出诉讼的概率越低。）前进汽车保险公司的价值链通过多种方式实现了这一目标。最令人拍案叫绝的是：事故发生后，该公司的理算员可以直接带着笔记本电脑、乘坐配备的面包车迅速前往事故现场，当场勘察定损后，可以在现场给客户签发支票。这在业内并不常见。由此可见，较低的相对成本也是前进汽车保险公司的竞争优势之一。

跟前进汽车保险公司一样，爱德华·琼斯金融服务公司也针对选定的客户群体量身定制了价值链。它的目标客户群体是比较保守的个人投资者，他们需要值得信赖的顾问帮助他们做出财务决策，而信任是通过面对面的交流建立起来的。为此，琼斯公司在位置便利的区域（多位于小城镇、郊区和商业区）设置了很多办公室，每个办事处只配备一名财务顾问，这可是业内独一无二的模式。另外，琼斯金融更愿意从行业外招聘新人，寻找那些具有社区意识和创业精神的顾问。在保守产品线（主要为蓝筹股投资）和"买入并持有"的投资理念方面，琼斯公司投入巨资培训新员工。

琼斯公司为其选定的客户群体制定并施行了一系列经济行为，也为此付出了一定的代价。它放弃了从更频繁的交易或利润率更高的更新奇的投资中获得收入。另外，相对于其他经纪公司，其培训和租买办公室成本较高。但是这些经济行为的确为其客户群体创造了价值，这些客户愿意为琼斯公司值得信赖的个人顾问支付较高的佣金（琼斯公司每单交易收取100美元佣金，而低价的经纪人收取的佣金为每单8美元）。

印度阿拉文德眼科医院的价值链

阿拉文德眼科医院最初的灵感其实来自麦当劳。麦当劳制作汉堡的效率很高且品相一致，V博士希望眼科医院的白内障手术也能如此。

于是，他创建了一个体系来实现这一目标。

从本质上讲，这一体系就是一套流程：当外科医生为一名患者进行手术时，下一名患者已经做好术前准备，躺在医生身后的手术台上。一台手术结束后，外科医生只须转过身就可以开始进行下一台手术。熟练的外科医生不会浪费一分钟宝贵的时间。手术室内的每个人，包括外科医生，都接受过标准化程序的培训。流程中的每一步骤之间都严丝合缝，形成了一个高效的整体。

这套流程的效果是显而易见的：2009~2010年，阿拉文德眼科医院仅雇用了印度眼科人力的1%，却完成了全印度约5%的眼科手术。这一成就可以媲美亨利·福特发明的T型汽车装配线，凭借这一装配线，福特工人的生产力达到汽车行业平均水平的5倍。福特制造汽车的核心设计理念就是：标准化的经济行为、专业化的劳动力和设备以及永不停息的大批量生产线。阿拉文德眼科医院正是通过借鉴这些理念，使普通大众都能负担得起白内障手术的费用。

阿拉文德眼科医院这种独特的运营模式推动了其创造价值的能力，但这并不是它取得成功的全部秘籍。毕竟，在一个即使价格很低也被嫌弃太贵的市场中，成为低成本生产商有什么意义呢？V博士又提出了解决方案：向付费客户按照市场现行价格收取治疗费。由于阿拉文德眼科医院的成本远低于其他医院，因此每位付费的病人所支付的费用可以使另外两位贫困病人免费接受治疗。大致说来，这种双重定价造就了阿拉文德眼科医院的竞争优势。

阿拉文德眼科医院选择的价值链能让它吸引那些有能力支付费用的病人入院治疗，这些病人住在独立的高档病房区域，享受着各种舒适的设施和服务。然而，真正吸引人的是它过硬的医疗服务质量。阿拉文德眼科医院是印度最先进的眼科医院，它建立了一所一流的教学和研究机构，与世界各地领先的眼科中心建立了联系，它的医生也是世界一流的。

有些读者可能比较了解医院管理人员所面临的挑战，他们听了上述的做法后可能会觉得难以置信，还会质疑：外科医生能同意像流水线工人那样流水作业吗？如果用五力分析模型分析医疗行业，我们会得出结论：外科医生的议价能力强大，完全可以要求更短的工作时间、更高的工资和更多的自主权。然而，阿拉文德眼科医院可以做到美国的医疗服务机构无法做到的事情。它追踪手术成本、手术时间和手术结果（甚至术后的结果），这些都可以追本溯源到做手术的医生和相关数据，从而帮助医生提高手术能力。

V博士如何找到愿意接受这些条件的医生呢？有一个有些令人啼笑皆非的答案是，因为他最初雇用的都是家庭成员，他们根本无法拒绝。还有一个颇为严肃的答案：V博士建立的医院提供两类强大的非货币奖励。第一类奖励是它承诺为医生提供职业发展的通道并助力他们走向卓越。例如，它可以提供内容广泛的培训，并拥有专业的联盟机构。第二类奖励是培养外科医生无私服务的精神和同情心。这是一个有使命的组织，虽然这一使命听起来是无形的，却以有形的方式提高了阿拉文德眼科医院的竞争优势。阿拉文德眼科医院的价值观使其能够招募并留住所需的人才，并以一种超凡脱俗的方式制定其经济行为，而这种方式完全适合其价值主张。

阿拉文德眼科医院提供让每个人都能负担得起的优质的眼部诊疗

服务。这是它的价值主张，其相应的价值链将这一价值主张转化成了战略。

西南航空采取的独特经济行为

将品格高尚的阿拉文德眼科医院与当初仅凭几句玩笑话就成立的西南航空进行比较可能让人感觉有些牵强，但从战略的角度而言，它们有很多共同点，而且都有很多可取之处，值得其他公司学习。面对艰难的行业环境，二者均保持着卓越的业绩。

正如阿拉文德眼科医院一样，西南航空培养了以服务为本的企业文化，以使其战略发挥作用。该公司在成立初期的很长一段时间内都官司缠身，疲于应对各项法律诉讼案，力求在夹缝中生存。当时得克萨斯州既有的航空公司不希望这样一家能够提供低价机票的竞争对手进入市场。无论是采取法律途径还是进行政治施压，只要是花钱就可以做到的，它们都在所不惜，目的就是让西南航空离开航空业。然而这却增强了西南航空员工的使命感，创造了一种独特的"斗士"文化，激发员工努力改变长期以来对旅客不利的行业环境。与阿拉文德眼科医院的员工一样，西南航空的员工比一般企业的雇员做得更多。尽管加入了工会，但他们从未对西南航空采取敌对性的零和态度，而其他航空公司一直饱受这种对抗态度的困扰。这有助于公司保持竞争优势，提高客户满意度并降低相对成本。例如，西南航空和阿拉文德眼科医院的人员流动率都比较低，这有益于公司的长期发展。

西南航空成功撼动航空业的固有模式前，大多数航空公司采用的是同样的竞争方式，效仿彼此的中心辐射式航线网、定价结构、常旅客计划和工会协议。西南航空并没有选择追随这些行业的"最佳实践",尽管其中一些竞争方式的确会满足某些类型航线上的部分需求。西南航空另辟蹊径,独创了一系列经济行为,以实现其与众不同的战略目标。

传统的全服务航空公司认为,航班飞行的目的就是要将乘客从任意一地点运送至另外一地点。为了让航线延伸至很多目的地,并为乘客提供转机服务,这些全服务航空公司采用以主要机场为中心的辐射式航线网。为了吸引那些希望享受舒适的飞行并得到更多服务的乘客,它们提供了头等舱或商务舱;为了方便那些需要转机的乘客,它们协调转机航班并转运行李;由于一些乘客的飞行时间长达数小时,一直以来,全服务航空公司都提供餐食。

西南航空的做法与传统的航空公司截然不同,它调整自己所有的经济行为,在特定航线上以最低的成本运营多频次的航班。从公司成立伊始,它就不提供餐食、指定座位、联运行李托运或高级舱位服务,而这些措施均有助于缩短飞机在登记口的中转时间(我们在第三章曾经提到过这一点)。这些措施确保了西南航空的飞机能够飞行更长的时间,并以较少的飞机提供频繁的班次。同时,西南航空的登机口服务人员和地勤人员比其竞争对手更精简、更灵活,也更高效。标准化的机群还提高了维护效率。随着旅游网站成为一个日益流行的分销渠道,大多数航空公司都争先恐后地与之签署机票代售协议(如果分析行业结构,就会发现这是一个错误的决定,因为它促使乘客仅凭机票价格选择航空公司)。西南航空并没有这样做,它的乘客直接在其官方网站购票,绕过其他渠道,避免了其他分销渠道收取机票代售佣金。

这些只是降低西南航空的运营成本，使其继续保持竞争优势的部分举措，它们让每位员工可以服务更多的乘客、每个登机口能够起飞更多架次的航班、每架飞机的飞行时间更长。经此，西南航空通过施行一系列特定的经济行为确立了独特而宝贵的战略定位。在西南航空服务的航线上，全服务航空公司永远不如西南航空便捷，它们的成本也更高。

当战略定位的客户群体高度细分、市场高度专业化时，有时可以被视为开辟了一个"利基市场"。这个词暗含的意思就是市场机会比较少。尽管有些时候的确是这种情况，但还有些时候，即使是这种非常专业化的竞争对手也可能变得尤为庞大。就西南航空而言，最初看似狭窄的利基市场引领了整个航空业的变革。西南航空和我们的下一个案例企业租车公司均已成为行业的领导者。

汽车租赁行业的价值链

企业租车专注于为那些本地居民租车，这一独特的价值主张只是其成功的关键之一。它还选择了适合自己的价值链，这也是其竞争优势的根源。企业租车能够为那些偏好低廉价格的客户提供服务，因为它可以通过与众不同的、成本更低的经济行为来满足这些需求。企业租车在战略方面具有深刻的洞察力，它知道自己独特的价值主张需要一条与赫兹租车、安飞士租车完全不同的价值链。

其他汽车租赁公司在寻找店面时，会选择方便旅客的地点，当然，这些区域的租金也比较高，例如机场、火车站或酒店。企业租车摒弃了这种传统做法。它会在大都市各个区域挑选小型、简单的店面租赁，这种做法始于其创始人杰克·泰勒（1957年杰克·泰勒在圣路易斯开始了他的小型汽车租赁业务）。随着公司的发展以及战略的出台，其战略逻辑也日趋发展成熟。对本地居民来说，租车还得跑到机场简直太不方便了。

企业能否兼顾差异化和低成本

在波特的职业生涯早期，他将战略总结为几个通用类型——专门化战略、差异化战略和成本领先战略，它们很快就成为人们思考应该如何选择关键战略的日常工具。它们每一个都反映了有效的战略必须具备的最基本的共性。专门化战略是指企业服务的客户以及满足的需求要有专一性，差异化战略可以让公司维持较高的定价，成本领先战略使企业能以较低的相对价格参与竞争。对战略类型的这种泛泛描述反映了任何一个行业在选择战略时所面临的基本维度。

与此同时，波特描述了一个比较常见的战略错误，即所谓的进退两难。这种情况是：如果一家企业的战略试图满足所有的客户、提供全方位的服务，那么结果只能是一方面被有成本优势的企业抢占先机，这些企业的成本优势来自它们"恰到好处"地满足客户的需求；而另一方面被提供差异化产品或服务的企业步步紧逼，这些企业可以更好地满足那些"要求更多"的客户（某些客户更重视产品或服务的某些特定属性）。

这是否意味着一家企业不能兼顾差异化和低成本？答案是否

> 定的，尽管这个误解一直长期存在。波特最早的著作（大概写于1980年）有时会被错误地引为例证。20世纪90年代波特继续完善相关理论，阐明了价值主张和价值链之间的联系，本该已经消除了这种误解。波特是这样解释的："当你深入了解某些特定的产品会满足特定的需求时，就会发现可能的选择或组合要复杂得多。通用战略类型确定了战略的一个主要主题，例如压低相对成本。但有效的战略以独特的方式整合了多个主题，因为客户的需求很少是单维的，所以满足这些需求的战略也不会是一维的。当一家公司做出选择，确定要服务哪些客户、满足哪些需求，并根据这些选择调整其价值链时，它就有可能同时实现差异化、低成本和专门化，企业租车就是一个范例。或者，也可以像西南航空那样提供更为便捷的服务且成本低廉，而避免陷入进退两难的境地。"

遥想当年杰克·泰勒成立公司之初，选择在居民区设立办公室只是一个偶然事件，但这后来却成为该公司的战略选择。选定要服务的客户群体以后，企业租车在居民区附近设立了分店，店铺均分布在距离全美90%的人口15英里⊖的范围内，地理位置更为便利，门店租金也更为低廉，由此企业租车的租车费用可以比竞争对手更低。直至1995年，也就是公司成立35年后，企业租车才在机场附近开设了第一家分店。在汽车租赁领域，很明显，面向的客户是商旅人士的情况和面向的客户是当地居民的情况在店面地址的选择上有很大不同。

⊖ 1英里=1609.344米。

事实上，正和竞争之所以成为可能，正是因为有多种方式可以规划大多数的经济行为。以 Zipcar 为例，它完全不需要办公室，因为它采取的是会员制，其付费会员的信息都已经存档，不需要签署纸质文件这些手续。另外，由于会员都是在线预订租车，Zipcar 租车公司可以通过科技手段完成一系列操作，不需要雇用现场服务人员。公司将出租的车辆停在大都市的各个指定地点。会员可以带着专门的取车卡直接到停车场取车，这种卡片上嵌有无线芯片，只允许会员在指定的租赁时间开启预订的特定汽车。另外，车辆的挡风玻璃上装有应答器，可以记录行驶里程和使用的时间，这些信息可以通过无线链路直接传送到公司的中央计算机。通过上述的各项措施，Zipcar 让租车如同在 ATM 上取款一样简单。

价值链的其他环节也得考量周全，要根据需求进行规划。每家汽车租赁公司都必须合理配置自己车队的车型。度假和商务旅行者通常需要租赁特殊的车型，例如 SUV 或敞篷车，因此赫兹租车和安飞士租车将这些热门车型纳入了它们的车队。企业租车面向的是本地居民的租车需求，他们更青睐费用低廉的基本款车型。另外，本地居民租车时也不太关心汽车已经使用了多少年，因此，与那些以商旅人士为目标客户的租车公司相比，企业租车能够更长时间地保留既有车辆。Zipcar 以"酷"车打造自己的品牌，比如环保型的本田 Insight 系列和宝马的 Mini 系列。

Zipcar 的车队外观印有公司的时尚标识，好似滚动的广告牌，向周围的社区居民宣传公司的品牌。Zipcar 还通过与学校和企业的大量合作来吸引新客户。为了践行自己的价值主张，企业租车更多地向保险公司和汽车经销商推销租车业务，以这种方式保持较低的成本。相比之下，赫兹租车通过昂贵的消费者广告来吸引商务和休闲旅行者。

当企业专注于向不同的客户群体提供各不相同的价值时（对波特来说，这就是战略定位的本质），其价值链的差异可能就会比较大（见表4-1）。

表 4-1 价值主张与相应的价值链

	赫兹租车	企业租车	Zipcar
价值主张			
客户（需求）	商旅人士，按日租车	本地居民，按日租车	本地无车人士，按小时租车
定价	费用较高：差旅报销或旅游开支	经济型：保险公司支付或个人支付	根据使用情况收取费用：会员费外加按小时计费
价值链			
办公室选址	机场、酒店、火车站附近	大都市地区以及商业区	无固定办公室
车型选择	囊括所有最新车型	性价比较高的车型，车龄较长	"酷"车
营销策略	消费者广告	通过实体店、保险公司宣传	通过口口相传或与学校合作等

价值主张的限制很有必要

企业选择了价值主张后，实际上限制了它的各项行为，这对战略至关重要，因为这些价值主张为企业创造了调整各项经济行为，从而最好地实现价值的机会。只有当存在价值主张的限制时，只有当企业不试图为所有的人做所有的事情时，采取独具匠心的针对性行为才有可能。换句话说，正是因为有了这些限制，才能发展一条不同于竞争对手的价值链。

> **企业选择了价值主张后，实际上限制了它的各项行为，这对战略至关重要，因为这些价值主张为企业创造了调整各项经济行为，从而最好地实现价值的机会。**

这是检验战略的一项十分重要的测试。如果同一条价值链也可以实现不同的价值主张，而且效果相同，那么这些价值主张就与战略没有什么关系。只有需要特定的价值链才能实现的价值主张才能作为一个强有力的战略的基础。这也是对抗竞争对手的第一道防线。

由此，战略定义了企业的竞争方式，企业的竞争方式反映在一系列的经济行为上，这些经济行为可以为一系列的应用场景或特定的客户群体（或两者兼而有之）提供独特的价值。在大多数行业中，可能存在许多与战略相关的价值主张，这反映了客户和需求的巨大多样性，以及企业需要采取不同的经济行为组合才能最有效地满足这些需求的事实。波特指出：即使一个行业生产的产品看起来都类似，也有很多机会在价值链的上游和下游实现差异化，比如在产品配送、产品处理、产品认证和测试以及融资方面，这里就不一一赘述了。

虽然并非每一项经济行为都得独一无二，但强有力的战略总是涉及大量的与之相匹配的经济行为。为了建立自己的竞争优势，企业必须通过量身定制的价值链实现独特的价值。也就是说，与竞争对手相比，它必须施行不同的经济行为或以不同的方式施行类似的经济行为。

因此，作为战略选择的两个核心，价值主张和价值链是密不可分的。价值主张从企业外部着手，关注客户的需求。价值链专注于企业内部，侧重运营。战略从根本上讲是一体化的，它将需求侧和供给侧整合了起来。

该从哪里着手找到新的战略定位

波特在其著作中曾经这样阐述："战略竞争可以被认为是感知新战略定位的过程，从而将客户从原先所处的位置吸引过来或者吸引新的客户进入市场。"据此，以价值主张为起点讨论战略是符合逻辑的，这也是我在本章中所做的。但在现实生活中，公司是如何找到新定位的呢？可以按照新的方式细分客户或满足未被满足的需求。但也可以从价值链——公司所施行的一系列特定的经济行为入手，这同样有效。事实上，后者是企业在确定自己的"优势"时会做的事。

我再举个例子——格雷斯制造公司（Grace Manufacturing），这是一家位于阿肯色州的小型家族企业，很多人可能都没有听说过它的名字。但它的主打产品微面牌刨刀（Microplane）是磨碎硬奶酪和刨柑橘皮的首选工具，在厨师中享有盛名。随后，格雷斯公司又开发了数十条相关的产品线，在居家用品行业创造了一个新的细分市场。

格雷斯制造公司是如何发现它的定位的呢？说起来这还是一个有趣的故事。该公司之前是一家专门制造打印机钢带的供应商，但随着打印机技术的进步，这种产品几近过时。作为这种钢带的生产商，格雷斯制造公司的主要资产是专有的掩膜和蚀刻工艺，可以生产带有锋利边缘的产品。面对核心产品即将被淘汰的现实,公司该何去何从?公司的现任首席执行官克里斯·格雷斯回忆自己高中时在家族企业的工作经历时说:"那时,如果你在工厂工作,割伤手指不是概率问题,而是时间问题。后来我们就意识到我们擅长制造锋利的东西,于是我们就想,可以生产什么锋利的产品呢?"最终,他们选定了制作适合木工使用的各种刨具。

按照初始设计,微面的锉刀是要安装在钢锯上的。但不知何故,有人说它是一款非凡的厨房用具。公司创始人理查德·格雷斯听说他的产品被用在厨房时感到非常失望。但今天,该公司生产了比萨刀、巧克力刨丝器等一系列锋利的厨房用品。此外,格雷斯制造公司利用其在生产尖锐物品方面的专有技术,为骨科医生提供有关产品,例如移植手术中用于磨削骨头或髋臼的器材。在这个故事中,格雷斯制造公司战略成功的关键是拥有专有技术。格雷斯公司拥有在制作锋利产品方面的优势,而且这种优势是独一无二的——这是战略的关键之处。

发现新的定位是一种创造性的行为,而触发初始洞察力的因素通常也会因个人和组织而异。另外,没有任何一本"食谱"或任何一个专家团队能制定出绝对成功的战略。根据定义,战略就是创造一些独特的东西,做出一系列其他人没有做过的选择。

第五章
CHAPTER 5

战略的关键：适当取舍

在第四章，我已经介绍了波特认为战略需要通过的前两项测试：独特的价值主张以及量身定制的价值链。如果说有一个重要的结论，那就是战略需要做选择。竞争优势取决于企业是否做出了与竞争对手不同的选择以及是否进行了适当的取舍，这就是波特建议的第三项测试。既然适当的取舍能发挥如此重要的作用，那么称其为战略的关键也就没什么夸张的了。取舍可以帮助企业创造并维持竞争优势，因而有利于战略的实施。

制定战略时需要取舍似乎与当下流行的思想背道而驰，原因在于人们的思想存在两方面的误区。第一个误区是对取舍本身的认识。企业管理者更愿意相信"越多越好"。他们认为更多的客户、更多的产品、更多的服务意味着更多的销售额和利润。鱼和熊掌是可以兼得的，你可以拥有一切。但是如果你只选择了其中一个，那么就等于有钱不赚。进行取舍几乎可以被视作软弱的表现。

第二个误区是认为在当今追求高效、竞争激烈的世界中，基本不可能**保持**竞争优势。人们普遍认为，在如今的商业环境中，复制效仿犹如家常便饭，处于这种竞争中，企业最好的预期就是获得短暂的优势。这听起来是不是有些耳熟？其实这还是"竞争就是要做最好"的理念。

但是，如果你再仔细想想，就会发现这个论断与事实不符。诚然，仅仅选择独特的价值主张并不能保证竞争优势的持续性。如果你找到了一个有价值的战略定位，效仿者会立即注意到，并趋之若鹜。但竞争优势的确可以持续几十年，西南航空、宜家家居、沃尔玛、企业租车、宝马汽车、麦当劳、苹果等多家公司用事实证明了这一点。这些公司所在的行业各不相同，它们的战略有什么共同点呢？其实答案很简单：有所取舍。

什么是取舍

面临战略取舍时，犹如站在岔路口。如果你选择走一条路，就不能同时走另外一条路。无论取舍的对象是关于产品本身的特性还是关于价值链中的各个经济行为的组合，取舍意味着你只能二选一，因为不同选择是互斥的。

> 面临战略取舍时，犹如站在岔路口。如果你选择走一条路，就不能同时走另外一条路。

例如，每家航空公司都必须选择一个航线网。可以选择中心辐射式航线网，也可以选择城市对航线网。前者航线覆盖的范围广，能让乘客在更多的目的地之间旅行，但成本较高，后者航线所抵达的目的地少，但成本较低。很明显，选择的结果就是非此即彼。一家航空公司可以选择其中一种形式的航线网，但它不能选择同时采用两种形式，不然会造成效率低下。

另外，需要取舍的对象，即各个产品或经济行为，它们不仅仅是各不相同的，还是相互抵触的。选择其一就会排除或损害另外一种选择。竞争就是要进行各种经济上的取舍，这些是战略的核心。

以台湾积体电路制造股份有限公司（TSMC，简称台积电）为例，2009年这家半导体制造商的销售额约为90亿美元。虽然大多数企业家都以开发新产品或推出新服务而享誉全球，但台积电创始人张忠谋创建台积电时就认识到有一项关键取舍至关重要。1987年台积电成立时，当时几乎所有主要的半导体公司都是业界所谓的整合元件制造商（IDM），也就是说，它们设计并制造自己的芯片。由于制造芯片的设施非常昂贵，因此，当这些整合元件制造商的产能过剩时，它们会将部分设备出租给那些无法负担自建设施的小公司。对整合元件制造商来说，满足那些小公司的需求其实可有可无。

张忠谋深知这会给让那些规模较小的公司陷入两难的境地。一方面，它们无法拥有芯片生产设备，因此满足不了自己的产能。另一方面，将芯片生产外包给整合元件制造商会将它们最宝贵的资产——设计芯片的知识产权置于外泄的风险之中。它们一直担心整合元件制造商会窃取它们的芯片设计。

张忠谋做出了一项重大取舍决策：台积电要成为其他芯片设计公

司的制造商，但其业务范围不包括开发设计自己的芯片。通过这一重大取舍，台积电消除了与芯片设计公司的利益冲突，台积电不与客户竞争，只需要为它们生产芯片。通过这种方式，台积电会为客户创造更多价值。而且，这项基本决策意味着台积电的经济行为与其竞争对手截然不同，由此而形成的价值链也大相径庭。

这一取舍决策是台积电竞争优势的源泉。我们要铭记于心的是：竞争优势不仅反映你所擅长的业务，还体现在你的损益表中。台积电专注于芯片的制造，实现了较低的相对成本（也就是说，它的制造成本低于其竞争对手整合元件制造商）。另外，台积电在为客户制造芯片的同时还提供知识产权保护，因此，客户愿意为它创造的附加价值支付更多费用。

有效的战略通常包含多项取舍，优秀的企业几乎在价值链的每一环节都要权衡利弊。以瑞典家居巨头宜家家居为例，宜家家居的价值主张就是以低廉的价格提供设计美观、功能齐全的家居产品。它的目标客户是那些囊中羞涩的顾客。宜家家居在选择要创造的独特价值以及如何实现这些价值的经济行为时，接受了一系列限制：它**并没有满足所有客户的所有需求**。

在生产和销售家居用品的过程中，宜家家居在每一个主要的增值步骤所做出的选择都有别于"传统的"家居用品零售商。我们来看看宜家家居是如何取舍的。

产品设计方面　宜家家居的家具是模块化拼接式的，可以随时组装。而传统家具零售商销售组装好的家具。这是一个重要的非此即彼的取舍。一件家具要么完全组装好再销售，要么待顾客购买后自行组装。与家居行业的大多数企业不同，宜家家居设计自己的产品，这种选择让宜家家居可以在产品款式和各项销售成本方面进行各种关键取舍。宜家家居的设计师接到的任务非常具体，并带有明确的费用限制，例如：为给定的家居产品线设计一张售价 30 美元的咖啡桌。这其中所涉及的取舍非常明确：你可以以低成本获得好的设计，但鸟眼枫木制成的咖啡桌售价不可能只有 30 美元，采用最好的皮革制成的座椅定价不可能只有 40 美元。宜家家居设计师的任务是在设计时对各个产品做明确的取舍。

产品多样性方面　传统家居零售商售卖的家具风格范围广泛——从美洲殖民地风格到法国田园风格，再到中国明朝的风格。他们提供的家居产品材质选择也有数百种之多。但是如此多的风格和材质都会增加成本。而宜家家居所做的取舍非常简单：家具风格仅限于斯堪的纳维亚风格及其分支，可供选择的饰面和材质也只有几种。通过这种取舍，宜家家居限制了其产品的复杂性，从而可以在全球范围内从非常高效的第三方制造商那里批量采购产品。还记得我们最开始探讨的五种力量吧，宜家家居是巨人歌利亚，有强大的议价能力，可以与供应商谈判获得优惠价格。

店内服务方面　传统的家具零售商雇用销售人员帮助顾客从数百种产品中选择合适的家具。然而，雇用销售人员会增加成本。这是另外一项需要明确取舍的选择：要么为店面配备销售人员协助顾客选购家具，要么节省费用，不聘用销售人员。宜家家居明确了它的取舍：它让顾客知道，作为自助式购物的回报，他们将获得更低的价格。宜家家居店面的自助餐厅也强化了这一信息，餐厅内的标识提醒就餐者：

用餐后清理自己的餐桌才可以获得低价。

产品配送与店面设计方面 传统的家具销售商将产品从制造商或仓库直接配送到顾客的住址。宜家家居明确地将送货这一环节"外包"给顾客，这也能让顾客获得更低的价格。宜家家居的店面设计以及地理位置方面的诸多考量让顾客可以轻松地（或者说是尽可能轻松地）进行自助式服务。当你在宜家家居众多的样板间内看到喜欢的产品时，可以记下商品编号。当你离开最后一个展示区抵达收银台之前，会经过一个巨大的仓库，其货架上堆放着待组装的平板式包装的家具。你可以根据商品编号将对应的产品放入宜家家居特别定制的购物车中，然后推到自己的车旁。宜家家居的选址均在适合汽车停车的地点（在美国，其店面从不设在市中心），并提供充足的免费停车位；它的店面占地广，用以展示和储存每件商品（那些仅展示特定商品的小店面绝对难以望其项背）。

平板式包装与竞争优势 据说，宜家家居创立初期，有这样一个故事，一名店员拆掉了一张桌子的四条腿好让顾客把桌子装进车里带回家。正如公司后来所述，那是一个"灵光乍现"的时刻：如果家具在组装前以平板式包装进行出售，那么客户就可以自行配送。此外，平板式包装极大地节省了空间，大大降低了物流成本。相对于运送组装好的家具，宜家家居每辆卡车的货运量提高了 5 倍。

这种洞察力最终成为宜家家居竞争优势的来源，换句话说，它使宜家家居价值链中的经济行为有别于其竞争对手，从而使其成本低于竞争对手。另外，运送平板式包装的家具的运输成本远低于运送组装后家具的运输成本，因此，宜家家居的定价较低，同时仍然可以获利。

平板式包装还有其他优点。对那些购买家具后愿意自行运送、自行组装的顾客而言，他们不仅可以支付更低的价格，还可以在购买当日就拿到货物，无须等待数周的交货时间，另外，运输中受损的风险也要小得多。这增加了宜家家居的成本优势，并提高了客户满意度。我永远不会忘记我购买第一张沙发时的惨痛经历：付款六个星期后，我的沙发才姗姗来迟，结果上面竟然有一处大划伤。我只得花费数小时才找人将破损的沙发退回制造商，又耗费了漫长的六个星期才等来了更换后的沙发。这一次购买家具的经历对我来说并不愉快，而对供应商而言，这一过程代价不菲。

最近，一项有趣的研究发现了所谓的"宜家效应"：自行组装家具的方式实际上提高了消费者愿意支付的价格。你在降低自己成本的同时还可以提高客户价值，这简直太棒啦！

现在我们来思考一下这些成本差异和价值差异所带来的累积影响，所有这些差异都源于最初做出的取舍：要么销售完全组装好的家具并负责配送，要么将其设计成可以通过平板式包装运输的组件，让客户带回家后自行安装。波特经常说：如果你有一个战略，你应该将它与损益表直接联系起来。宜家家居的战略就是这种联系的一个明证。

> **如果你有一个战略，你应该将它与损益表直接联系起来。**

宜家家居的价值链上处处皆是有针对性的取舍。很多情况下，宜家家居选择的创造独特价值的方式与其竞争对手的选择不仅不同，还不相容，也就是说，竞争对手无法在不损害为其现有客户创造价值的情况下效仿宜家家居的做法。这些是真正的是非选择，而正是这种取舍才能让宜家家居实现其价值主张：较低的成本和优秀的设计。

为什么需要取舍

为什么需要取舍？其实原因很多，波特强调了三点。首先，产品功能可能不兼容。换句话说，最能满足某些需求的产品在满足其他需求方面表现不佳。宜家家居的大型商场对那些想要速战速决完成购买的顾客而言是一场噩梦。宝马的"终极座驾"㊀无法满足那些寻求廉价、只想把汽车作为基本交通工具的买家的需求。麦当劳几分钟就能做出的廉价汉堡包也无法让那些"土食者"满意，因为他们想要的是健康且新鲜的食材。

其次，企业所施行的经济行为可能也需要取舍。换句话说，最能实现某种价值的一系列经济行为不一定能同样好地实现另外一种价值。我们可以打赌，设计用于处理小批量生产和定制产品的工厂处理大批量生产和标准化产品会导致效率低下，用于每小时配送一次的物流体系并不适合每周配送一次，等等。类似这样的选择取舍会产生一定的经济后果。如果企业在策划其经济行为时，存在策划过度或策划不足的问题，那么其创造的价值就会受损。如果你有幸在四季酒店接受礼宾服务，就会感受到该酒店策划的这些经济行为是为了让客人得到高水平的服务。由于雇用和培训合格的人员均需要开销，因此创造这种价值会产生成本。然而，若将同样的礼宾员置于客人很少或基本不需

㊀ "终极座驾"是宝马最具辨识度的广告语之一。——译者注

要帮助的环境中,那么为了创建这种高水平服务的部分成本就会被白白浪费。

最后,当企业生产的产品或提供的服务与其固有的形象或声誉不一致时,也需要选择取舍。比如,你能想象意大利跑车制造商法拉利制造小型货车吗?但有些时候,企业偶尔会因为它们对扩张的狂热而忽视这种形象上的不一致。数十年来,美国零售业巨头西尔斯建立了"购买高质量工具和电器的场所"的盛誉。然而,当它收购了证券公司迪恩威特(Dean Witter)并试图在销售电锯的同时售卖投资产品时,顾客无法将西尔斯的新形象与其固有形象联系起来。这一选择的结果就是该公司的扩张成为商业扩张史上最重大的失败案例之一。形象的不一致最好的结果是让顾客感到困惑,当然,如果事情往最坏的情况发展,这会破坏公司长时间建立起来的信誉和声誉。

企业在竞争中经常需要进行取舍,原因也各不相同。在竞争中,取舍无处不在,它们通过创造对选择的需求使战略成为可能。

真正的取舍让效仿者无计可施

如果你获得了成功,而竞争对手也没有卧榻安睡、放松警惕,那么他们必然会试图效仿你的做法。但取舍会妨碍他们的效仿行为。就取舍的本质而言,它是能使战略保持持续性的多种选择,因为这些选择的组合不容易被效仿,做选择时也不能模棱两可。如果没有取舍,任何好的想法都可以被效仿。产品功能可以被效仿,服务可以被效仿,连实现价值的方式也可以被效仿。但在有取舍的情况下,效仿者若还想亦步亦趋，必将付出经济代价。

麦当劳的"非快餐"尝试

麦当劳是快餐领域的市场领导者，其价值主张围绕的是出餐速度和产品的一致性，其价值链中的一切经济行为都是针对这一价值主张而制定的。但在20世纪90年代后期，麦当劳的增长开始停滞不前。面临市场饱和态势，又经历了一系列失败的新品尝试后，麦当劳决定要效仿其竞争对手汉堡王和温迪汉堡，为顾客提供自定义菜单选项（例如定制不加泡菜的汉堡）。它推出了"专属烹制"的活动，耗费巨资翻新其所有餐厅的厨房，总费用接近5亿美元。

另外，"专属烹制"活动还涉及其他成本。定制食品的准备需要更多的时间，而且按需烹制的程度越高，实现一致性就越困难。当然，如果你从一开始就认识到出餐速度、餐品的一致性、按需烹制均涉及取舍，那么你的关注点就是正确的。更多的按需烹制意味着更慢的出餐速度以及更低的一致性。此外，顾客下订单时才开始制作餐品使得餐厅无法为繁忙的午餐时段提前备餐。不久之后，麦当劳各家连锁店发现它们进退维谷，陷入困境：要么为厨房雇用额外的人员准备食材，这会减少利润，要么冒着激怒顾客的风险让顾客长时间等待。麦当劳付出惨痛的教训学会了如何取舍，它无法在不打乱自己现有运营模式的前提下效仿汉堡王的战略。

波特将麦当劳的上述做法称为**"战略骑墙"**，这是一种最常见的竞争效仿形式。什么是骑墙者？顾名思义，就是那些试图在受益于成功的新定位的同时还想保持其既有的定位。换句话说，骑墙者将新特色、新服务或新技术嫁接到原有的经济行为上，希望能在原有领域与新领域都获得收益。战略是非此即彼的，而骑墙者却认为他们可以两者兼得。但最终事实证明，这只是他们一厢情愿的想法罢了。

影视租赁：门店直售还是线上零售

骑墙者通常的结果是以失败告终，百视达公司便是其中一例。作为美国最大的影视租赁门店运营商，百视达公司受到业务蒸蒸日上的奈飞公司的威胁。奈飞公司的用户可以通过邮件在线订购电影，然后在家中坐等收货，随着技术的发展，用户也可以在公司的网站上直接下载电影。百视达公司与奈飞公司采取不同的价值主张，涉及的重大取舍也有所不同，因而二者的价值链也截然不同。奈飞公司在全国有50多个区域仓库，配备了最先进的分销系统，可以提供比拥有5000多家当地实体门店的百视达公司更多的电影。百视达公司曾经尝试将奈飞公司的价值主张与自己原有的方案合二为一，但最后一败涂地。企业必须进行取舍，那些试图同时以两种方式竞争的公司付出了惨痛的代价。

航空业的骑墙者

当英国航空公司开始捍卫自己的空中领地，抵御不断高涨的廉价航空公司浪潮时，它的优势在于拥有前车之鉴。近期航空业发生了几起轰动的骑墙惨败事件，其中就包括美国大陆航空公司，它尝试在某些航线上提供全方位服务而在其他航线上降低成本，减少服务。最终，事实证明同时以两种方式进行竞争的成本太高，也太过复杂。

英国航空公司牢记这一教训,其管理层深知:若想在一个行业中同时占据两个不同的位置,规避取舍的唯一方式就是创建一个独立的组织,让它自由选择适合其自身发展、量身定制的价值链。但英国航空公司的经验表明,即使你这样做了,也很难实现最终目标。

英国航空公司新成立的子公司高飞航空(Go Fly)是一家独立的实体公司,有自己的管理团队、品牌和航线网。尽管如此,英国航空还是和美国大陆航空公司一样,无可奈何地陷入了一些无法回避的取舍,结果使其长期以来建立起的良好声誉受到损害,也使其乘客相当困惑。高飞航空最初的广告词是"源自英国航空公司的低价新线航班"。与瑞安航空等竞争对手相比,高飞航空选择的机场离主要城市的城区比较近,机场内更为拥挤,也更容易延误。而且,与大多数廉价航空公司的做法不同,高飞航空为乘客分配座位,并与一家高端餐饮公司签约机舱内的配餐服务。

在出现高于其最初的预期的亏损后,公司管理层立即明确,经营一家低成本的航空公司与其作为高端航空公司的定位不符,于是将高飞航空出售给了私募股权投资公司3i集团。摆脱了英国航空公司的束缚后,高飞航空发起了一系列明确针对英国航空公司乘客的广告活动。仅仅一年后,3i集团将高飞航空出售给主打低价的英国易捷航空公司(EasyJet),售价为当初它向英国航空公司支付的原始价格的4倍。

取舍为那些试图成为骑墙者的企业设置了障碍。但骑墙并不是企业之间互相效仿的唯一方式,企业的重新定位是另外一种效仿的方式。当一家公司现有的定位不再可行时,它可能会尝试通过完全照抄其他公司的战略来重新定位自己。显然,这样做很难,因为企业必须要从头再来：建立起新的声誉、按照新战略施行一系列新的经济行为并培养新技能，与此同时，企业还必须打破旧的做法。因此，这种重新进行定位的企业比较少见，也应该很少见。在这种情况下，重新定位的企业需要直面那些已经拥有巨大领先优势的竞争对手，与他们在同一场比赛中进行角逐。

降低成本就等于降低质量，这句话是对还是错

"一分价钱一分货"这句话体现了商业思维中最古老也最基本的取舍：要生产更高质量的产品，就需要承担更高的成本；反之，如果削减成本，产品的质量就会降低。这曾是显而易见的永恒真理。但20世纪80年代和90年代掀起的质量运动似乎证明这句话是错误的。这场运动以"质量是免费的"为口号，首先在日本流行起来，然后迅速蔓延到世界各地。越来越多的公司发现它们可以在降低成本的同时提高质量。在许多人看来，基本的取舍规则可能已经被打破了。

能同时拥有高品质和低成本吗？质量是免费的吗？波特称这是"危险的半真半假"。因为对这些问题的答案通常是："是的，**但是……**"。是的，如果更高的质量意味着消除产品缺陷和不必要的浪费，那么获得高质量就不需要增加费用。但是，这是一种虚假的取舍，我们应该对此进行澄清。一般来说，虚假的取舍之所以会出现，是因为企业在运营有效性方面落后——也就是说，它们在执行基本的经济行为（即各个企业普遍施行的一般性的经济行为而非针

对战略的特定经济行为）方面落后。因此，20世纪90年代，雷克萨斯能够以更低的价格提供比凯迪拉克"更豪华"的配置，因为当时通用汽车远远落后于行业的最佳实践状态。今天，在美国的医疗保障领域，我认为还有很大的空间可以改善民众的医疗保障体系，同时降低成本，在这种情况下，"质量是免费的"这一口号可能会成为令企业觉醒的警钟。

还有一种情况是这样的：随着技术的创新，旧有的取舍已不再适合企业新的发展态势。新技术、新管理实践等创新可以降低成本并提高产品的性能。但只有当此类创新改变了游戏规则（或者当一家企业本身的工作效率落后）时，我们才可以说质量是免费的。

然而，当各个企业在执行力方面达到相同的效率时，就会面临着真正的取舍。提高质量通常意味着添加新功能、使用更好的材料或提供更好的服务。例如，要提高小型汽车的质量，车企可以将汽车的座椅从布制座椅升级到真皮座椅，或者增加全球定位系统。从这个意义上说，质量绝对不是免费的。添加重要的产品功能、提升服务质量、提供更好的销售服务或实现其他增值功能等，所有的这一切几乎都需要投入更多的成本。在这种情况下，质量和成本之间的取舍才是真实且具有约束力的。

我要在这里澄清，上文所述并不意味着以较低成本为基础的价值主张就不能同时提供一些其他层面的客户价值。以宜家家居为例，它独有的设计其实是其产品质量的一部分，而其设计恰恰是围绕低成本来创造价值的，当然，前提是宜家家居得控制好原材料、

> 生产和物流的成本。西南航空的便利是另外一种意义的质量，也与其低成本的方向保持一致。更为频繁的飞机起降实际上增强了西南航空的成本优势，使之可以更有效地使用飞机和地勤人员。西南航空为什么能够安排如此便捷、频繁的航班呢？答案就在于它采取了无指定座位、无行李中转这些降低成本的做法，这样航班就可以在登机口快速准备好下一次飞行。西南航空巧妙地强调了这种质量，充分利用了自己所做的取舍。然而，航空公司服务质量的其他层面，包括指定乘客座位、提供更多的腿部空间、提供精致的飞机餐等，均带有真正的价格标签。
>
> 当企业管理者专注于执行力，确保他们所做的一般性经济行为乃是"最佳实践"时，**取消**取舍这一环节可能是件好事。然而，如果涉及企业战略，取舍才能使你的做法与众不同。洞察取舍（例如，宜家家居洞察到了平板式包装的价值）对于制定战略至关重要。保持并**深化**取舍，使之更适合企业自身的发展，对于企业战略的持续性尤为重要。

家居装饰装修：男性客户与女性客户孰轻孰重

当劳氏意识到企业需要重新定位时，它以战略为导向，采取了一系列经济行为。20世纪80年代和90年代期间，家得宝获得巨大成功，自此，家装零售成为一个新增的行业类别，为大家所知。家得宝最初的价值主张是这样的：针对那些自己动手装修的客户群体（主要为男性），家得宝提供他们所需的材料和必要的指导建议，让他们能以较低的费用完成家居装修，而不是雇用承包商或从五金店购买材料。家得宝的仓储式店面相当庞大，平均每家店面占地超过 13 万平方英尺[⊖]，提供应有尽有的各类家装商品。其训练有素的员工（其中很多人之前做过商人）为顾客提供建议并协助顾客在巨大的店面中挑选货品。家得宝不仅对那些自己动手的客户群体具有吸引力，也吸引较小的承包商，二者都被家得宝多种多样的商品和低廉的价格所吸引。

家得宝的价值主张相当有吸引力，其竞争优势亦颇为突出，以至于业内的许多既有企业（它们通常有数家区域性连锁店门店，每个门店的面积为 2 万～3 万平方英尺）都被淘汰出局。1988 年，作为当时美国最大的针对自己动手客户群体的家居装饰装修连锁店，劳氏的前景堪忧。如果没有新的战略，它将成为家得宝成功路上的又一个牺牲品。

为了应对家得宝较低的价格，劳氏按照家得宝的模式，也建设了规模更大的店面。与此同时，劳氏发现了家得宝没有满足的一部分客户需求，这成了它旗帜鲜明的战略的基础。通过对数千名顾客进行调查，劳氏了解到，其实家庭中主要的家居装潢决定大部分是由女性（而非男性）推动的，尤其是那些有设计感和带有时尚风格的家装。这一洞察成为劳氏制定新的价值主张的基础。

劳氏针对女性客户群体的需求对产品的分类和销售进行了一系列取舍。为了吸引女性顾客，它更加重视家居时尚，以及厨房、草坪、花园的用品、装饰品和家用电器等。公司的战略目标是让自己普通商

⊖ 1 平方英尺 ≈ 0.093 平方米。

品的销售价格与家得宝保持同等的竞争力，同时提高那些独具特色且更为时尚的商品的比重，这些商品的利润率更高。

> 取舍是能使战略保持持续性的多种选择，因为这些选择的组合不容易被效仿，做选择时也不能模棱两可。

与家得宝的货品展示方式不同，劳氏并没有在横梁式货架上摆满成堆的商品，而是创制了样板间，以这种方式展示厨房、窗帘和其他物品。当然，这种取舍的后果就是空间利用率较低，但却更适合其目标客户群体。劳氏的店面不再有仓库的感觉，店里的天花板更低，灯光更亮，货品的摆放方式更有吸引力。为了让其店面的展示模式与价值主张保持一致，劳氏还进行了另外一项重要的取舍：它为承包商设立了一个独立的区域，并提供单独的设施。

劳氏在商品分类和购物体验方面的选择使其店面必须比家得宝的店面更频繁地补货，每次补货的数量也比较少，这也意味着增加了成本。每家公司都有自己的渠道和方式来给店面补货。关键是劳氏并没有试图完全照抄家得宝的做法，它找到了属于自己的定位，形成了不同的价值链。劳氏更好地满足了某些客户和需求，家得宝更好地满足了另外一些客户和需求。使这两家公司的战略行之有效的原因在于它们执行各自的战略时所进行的各项取舍。劳氏所做的取舍与家得宝不同，因此获得了竞争优势，家得宝也是如此。

在21世纪初，劳氏公司还只是一家名不见经传的小公司，但是它在销售额和收入方面增长得更快。一些分析师立即站出来宣布劳氏是"赢家"。对波特而言，这正是一种破坏性的零和思维，这种思维会妨碍企业依靠独特性进行竞争。当时家得宝的业绩的确存在一些问题，但这些问题是店铺执行不力造成的，并不是因为其战略有问题。

劳氏的管理层是明智的，他们复制了家得宝的成功要素之一（该要素对行业的任何企业都至关重要），他们也很明智地找到了自己的独特定位。两家公司都有蓬勃发展的空间，各走各的路。上文探讨了劳氏效仿家得宝的做法，然而最近，家得宝一直在效仿劳氏，例如它在店面增加了玛莎·斯图尔特（Martha Stewart）家居装饰系列以吸引女性客户群体。但是，我们要切记：如果效仿太过，就可能破坏关键取舍，而破坏关键取舍的效仿也会破坏竞争优势。

选择不做的事情

取舍使选择**不**做什么和选择做什么同等重要。决定要满足哪些需求、提供哪些产品绝对是制定战略的关键。但是，决定不去满足哪些需求以及不去提供哪些产品、功能或服务亦同样重要。然后就是比较难的环节了——坚持这些决定不动摇。

公司在发展过程中，会倾向于为自己的产品添加一些新的功能和特色，希望以此扩大其客户群体并增加销售额。"越多越好"的心理是难以抗拒的。导致"功能蔓延"[⊖]的论调大家都耳熟能详："添加新功能投入的成本微不足道""我们需要收入增长""我们必须赶超竞争对手的

⊖ 功能蔓延，是指在产品中过度扩展或添加不必要的新功能，在计算机软件、视频游戏以及消费电子产品中尤为常见。这可能会导致产品操作过于复杂，也会导致成本增加。——译者注

产品和服务""我们的客户说他们想要这些新功能"。（对非营利组织而言，类似的问题被称为"任务蔓延"，就是为了取悦主要捐助人或工作人员而开展的越来越多的项目，但实际却背离了其初始的目标。）

持有这种观念会陷入"竞争就是要做最好"的困境。当你试图为每位客户提供产品或服务时，你往往会对支撑你的竞争优势的取舍趋于模棱两可。无论在任何地方，如果有一个组织多年来一直保持着竞争优势，那么我们可以确信该组织肯定在众多的"进攻"中捍卫了自己的关键取舍。

> 当你试图为每位客户提供产品或服务时，你往往会对支撑你的竞争优势的取舍趋于模棱两可。

通常，这种"进攻"通常以席卷整个行业的新趋势的形式出现。20世纪50年代，一大波新技术给食品行业带来了重大变革，这些技术包括微波、速冻技术以及人工调味技术等。In-N-Out汉堡一直专注于提供新鲜食材，进行现场烹制，因此它决定不赶时髦，放弃跟风食品行业的新时尚。当麦当劳和其他餐厅转而采用冷冻牛肉饼时，In-N-Out汉堡的创始人哈里·斯奈德在这一岔路口却选择了一条与众不同的道路。他雇用了专门的屠宰工人以保证店里有可靠的新鲜牛肉来源。

20世纪90年代后期，几乎所有经纪公司都迫不及待地开始开展在线交易，没有哪家公司愿意落后。除了爱德华·琼斯金融服务公司，我们在第四章中提到过这家经纪公司，该公司制定了独特的战略，与中等收入的保守投资者建立了长期关系，这类客户往往被该行业忽视。爱德华·琼斯金融服务公司建立了密集的咨询办公室网点，因为它的目标客户希望与一位投资顾问面对面地讨论投资事项，而不是与电话那边的陌生声音进行交谈。除了给予个人关注之外，该公司深谙其特定的客户群体在投资方面的倾向，他们重视那些稳定、低风险的金融产品，并偏爱买入并持有的投资方式。

在20世纪90年代的繁荣时期，爱德华·琼斯金融服务公司面临着来自行业、媒体的压力，以及来自公司内部经纪人的压力，它被要求引入线上交易。公司被批评落后于时代。但是其管理团队（该公司是其行业仅存的合伙经营企业之一）从波特那里学习并认识到了取舍的影响，坚持了自己的立场。尽管媒体吹捧线上交易是"下一个大事件"，但它与爱德华·琼斯金融服务公司的战略完全不相符，该公司专注于与客户建立面对面的关系、让客户投资长期理财产品。

今天，如果你访问爱德华·琼斯金融服务公司的网站，就会发现一个名为"当我们说不"的选项卡，其中列举了该公司**不做**的事情：不为豪赌者和日内交易者服务，不售卖金融衍生品、商品期货或低价股票，也不提供线上交易，因为这种交易方式鼓励轻率的投资决策。它以行动告诉潜在的客户：它需要的是投资者，而不是赌徒。毫无疑问，做出这样的取舍从来都不是一件容易的事情，相当于有钱不赚。但实际上，它真正理解了波特所说的关于竞争中取舍的最大悖论之一。高管们常常拒绝做出取舍，因为他们担心会失去一些客户。但具有讽刺意味的是，除非他们做出取舍，并审慎地选择不去满足**所有**客户和需求，否则他们服务不好任何客户和需求。

因而，要想在你选择做的事情上取得成功，最佳的途径是先明确你不会做什么。只有对某些需求不做反应，采取战略取舍，公司才能真正地针对其他需求做出响应。换句话说，取舍在战略中的作用就是故意让一些客户不高兴。西南航空有一个特别为人津津乐道的故事，是关于它的传奇首席执行官赫伯·凯莱赫如何处理一位乘客的投诉的故事。这位乘客经常乘坐该公司的航班，并且给公司写了很多投诉信，因此被戏称为"笔友"。首先，我们想想对西南航空的战略至关重要的众多取舍。没有对号入座，没有头等舱，没有飞机餐，没有行李中转，没有除波音737以外的其他机型，等等。这位"笔友"抱怨西南航空做出的几乎每一个选择。负责客户关系的工作人员在对她的众多封信件给予了多次礼貌回复后，已经别无他法，他们询问赫伯是否愿意回复。没过多久，他就写了回信：

"亲爱的克拉拜普夫人，我们会想念您的。珍重，赫伯。"

赫伯·凯莱赫的故事通常很有趣，但往往也很有启发性。建立并保持竞争优势意味着你必须遵照既定战略，对大量会弱化企业独特性的各项动议说不。"客户永远是对的"这一观念并不完全正确，很可能会导致企业表现平平。取舍诠释了为什么你想满足每位客户需求的这种想法是不正确的。其中一些人其实不是**你的**客户，你应该对他们说"再见"，如果你带着赫伯那样天生的魅力和幽默感来做这件事情就再好不过了。

正如波特所说："战略就是在竞争中进行取舍，其本质就是选择不做什么。"

| 第六章
CHAPTER 6

战略的拓展：协同契合性

本章讨论的是战略需要通过的第四项测试，波特称之为"协同契合性"，即检测价值链中的各项经济行为是否关联得紧密、相互协调得好。它在战略中的作用凸显了关于战略的另外一个误区：战略的成功可以归功于企业的一项核心竞争力，也就是企业所擅长的一件事情。这一论断的错误之处在于，好的战略不仅仅依赖于一项经济行为，也不仅仅依赖于做出的某一个选择，而且好的战略也并非来源于一系列互不相干、完全独立的选择。只有实施的各项经济行为之间联系紧密，做出的选择相互依存，才能制定出好的战略。

> 只有实施的各项经济行为之间联系紧密，做出的选择相互依存，才能制定出好的战略。

我们已经在第四章阐述过，企业对价值主张和价值链的一系列选择会产生竞争优势。我们在第五章说明了，当这些选择涉及取舍时，战略会变得更有价值且更难效仿。你可以将协同契合性视为一个放大器，它可以扩大上述两种作用。协同契合性通过降低产品成本或提高客户价值（和价格）来放大战略的竞争优势。另外，协同契合性也提高了效仿者的效仿壁垒，从而使企业自身的战略更具持续性。

在某种程度上，协同契合性这一概念很直观，不言自明。每个企业的总经理都深知在商业竞争中协调好企业的各项职能有多么重要、难度有多大。让产品的营销、生产、服务和信息技术等业务职能都朝着同一方向发展通常是"说起来容易做起来难"，在大型组织中尤为如此。但是波特发现了比协调职能部门更重要的事情：各项经济行为的协同契合性在竞争中扮演的角色比大多数人意识到的更重要、更复杂。

什么是协同契合性

在第四章，我们探讨了企业开展的经济行为与其价值主张之间的关系。在本章，我们会重点关注这些经济行为是如何相互关联的。还是以宜家家居为例，让我们来研究一下它所选择的十几种量身定制的经济行为：

- 设立产品设计师网络（可控的产品开发）。
- 集中管理全球供应链（外包产品制造）。
- 建设大型店面。
- 在店面内设置仓库（位于最后的展示区与收银台之间）。
- 店面位于郊区，靠近高速公路。
- 店面提供充足的免费停车位。

- 样品间内不配备销售人员。
- 样品间布置齐全,提供各种产品展示。
- 每件商品都附有大吊牌且信息全面(包括价格、尺寸和材质等信息)。
- 采用平板式的货品包装(产品组装和配送"外包"给顾客)。
- 店内设有自助餐厅。
- 店面提供儿童看护或游戏区域。

正如我们在第五章所述,平板式包装在宜家家居的竞争优势中起着重要作用,因为这种包装方式降低了运输成本和货品损坏的概率。宜家家居决定采用平板式包装,符合该公司的低价定位。宜家家居还决定在郊区设立店面,因为市区外的土地更便宜。这两项决定是相互依存的。店面位于郊区放大了平板式包装的价值,因为在郊区顾客可以更容易地将购买的货品装入他们自己的汽车带走。

我们再接着查看上述经济行为列表,会发现很多类似的协同契合性的例子。大型店面放大了全球规模的产品采购的价值。如果顾客每次来购物时愿意花费更多的时间,那么大型店面就会更有价值。店内提供免费的儿童看护和自助餐厅,让顾客可以按照自己的节奏挑选商品(如果你喜欢瑞典肉丸,那体验就更棒了)。上述的每一项选择均放大了其他选择的价值,而且所有这些选择都有助于为顾客降低产品价格。另外,大型店面让宜家家居拥有充足的空间设立布置齐全的样品间展示其所有货品。再加上货品上附有信息全面的大吊牌,如此,宜家家居便无须配备销售人员——这又是一个因为一项经济行为影响另外一项经济行为而节约了成本的例子。这以事实定义了什么是协同契合性：**协同契合性是指一项经济行为的价值或成本受到其他经济行为施行方式的影响。**

> 协同契合性是指一项经济行为的价值或成本受到其他经济行为施行方式的影响。

当然，若想受益于宜家家居的价值体系，你需要一台汽车。相比之下，如果你要去时尚品牌 Zara 购物，你可能会步行前往。Zara 隶属于西班牙 Inditex 集团（Industria de Diseño Textil，S.A.），该集团是全球收入最高的服装零售商。Zara 的店面通常都位于人流量大的市中心显眼位置。它作为一个时尚品牌是如此炙手可热，以至于大多数法国女性还以为这是一个法国品牌而不是西班牙品牌。

Zara 售卖最新款式的服装，价格适中（其价格并非最低，但相对其他时尚品牌而言较低）。Zara 深刻地洞察到，要实现其特定的价值主张，关键的制胜法宝是速度。该品牌倾尽全力，所做的一切都是为了快速将款式最时尚的服装送到店面进行售卖。大多数时装零售商的交货期为 3 个月，而 Zara 只需 2~4 周。正因为如此的"超速度"，Zara 每年可以发布 100 个服装系列。

Zara 的发展速度为何能够如此迅猛？原因在于它对价值链进行了全程控制，而且在价值链各环节的取舍与竞争对手也不相同。Zara 在如何推广品牌、如何设计服装、如何管理生产、物流和库存方面进行了一些关键的取舍，它的成功不是来自某一项选择，而是源于所有这些选择的协同契合，进而相互强化。

我们可以将 Zara 想象为一个设计完美的体系，其目的在于优化其独特的价值主张的传递。我之所以用"优化"一词，是因为如果你逐一审视 Zara 所做出的选择，其中一些会让你大吃一惊。例如，作为定价相对较低的时尚品牌，它所做的一些选择可能看起来并不符合其低价战略。例如，其庞大的设计团队规模是另外一家热门的欧洲时装零售商 H&M 的两倍。与竞争对手不同，Zara 自己进行生产，而且大部分是在欧洲而不是亚洲进行的。它的店面位于城市中租金最高的区域。上述这些选择哪一个本身都不是"低成本"方案。但当你纵观整个体系，就会发现 Zara 之所以在一个方面做出次优的选择，其目的在于实现整体的最优化。

那么 Zara 是如何实现这一目标的呢？让我们看看这一拼图的各个部分是如何嵌合在一起的。首先，设计师的作用是发现时尚趋势并据此设计服装。该公司并没有花费大价钱聘请大牌设计师设计新款式，而是在世界各地派出"侦查员"，他们穿梭于各种时装发布会或出入夜总会寻找最新的流行趋势。其庞大的内部设计师团队可以在一个月内设计出一个新系列，也可以在几周内调整现有的系列。巨大的团队规模让 Zara 成为时尚的快速复制者，可以迅速地将新设计投入生产。

Zara 刚成立时不是一家服装零售商，而是一家成衣制造商，在向零售业进军的过程中，它始终牢记自己的老本行，继续在欧洲和为小批量生产而配置的工厂进行大量的内部生产。Zara 还拥有自己的卡车车队，可以在 24 小时或更短的时间内将货物从西班牙的集中物流中心运送到其遍布欧洲的店面。而且，与行业惯例再次背道而驰的是，成衣到店时是挂好并带有售卖标签的状态。尽管这增加了运输成本，但意味着服装抵达后即可出售,无须在店内熨烫。速度就是它的"主题曲"。

另外,Zara 的店面很宽敞,都设在人流量相当大的繁华地段。但店里每周两次限量上新,这传递出一个明确的信号:现在就购买,不然以后就买不到了。店内的售货人员会持续反馈哪些服装畅销,哪些服装滞销,这些信息可帮助 Zara 及时决定时装的设计方向和产量。

现在我们设身处地从顾客的角度感受购物体验:Zara 的店面引人注目,好似巨大的广告牌,店内的时尚新款源源不断,并且限量发售。这会引起人们的兴奋和关注。顾客会和朋友谈论 Zara 的时装。他们会成为店面忠实的"回头客",因为他们知晓店里会经常上新款,而且他们路过店面时就可以看到常换常新的时装。

所有这些因素叠加起来造就了 Zara 的卓越业绩,形成了其竞争优势。查看 Zara 的财务数据,我们能看到它的哪些优势?举个例子,Zara 的顾客比同类品牌的顾客购物更频繁,而且全价购买的服装更多。根据几年前我看到的一组数据,Zara 降价了大约 10% 的货品,而行业的平均降价比重高达 17%~20%,这在零售业绝对是一个巨大的优势。而 Zara 的这一优势也不是因为做了一项选择就产生的结果。难道仅凭着其采购员做出了更明智的购买决策它就获得了竞争优势吗?绝对不是。Zara 的竞争优势是其诸多选择协同契合的结果,这些选择构成了 Zara 的"体系"。

这里还有一个 Zara 的竞争优势影响其收益的例子。大多数的时尚品牌需要投入大量广告费用才有可能树立品牌形象并维持品牌声誉(时装零售业的广告支出平均约占销售额的 3%~4%)。H&M 的广告费占其销售额的比重高达 5%。相比之下,沃尔玛等日用百货零售商的广告支出费用就比较少，仅占其总收入的不到 0.33%。而 Zara 的广告支出比重竟然可以与沃尔玛相媲美。原因何在？一旦你理解了 Zara 所选择的各项经济行为之间的协同契合性后，就不会那么惊讶了。Zara 在门店选址环节的投入更多，但在广告方面几乎没有什么开销。它的诸多选择结合在一起，使其不必支出大量的营销费用就可以激发顾客的购物热情。

协同契合性如何发挥作用

各项经济行为的协同契合性可以有多种表现形式，尽管在实践中这些形式之间的区别往往不那么明显。波特将协同契合性归纳为三种类型，每种类型均对竞争优势产生影响，只不过方式略有不同。

协同契合性的第一种表现形式是基本的一致性，也就是说企业的每项经济行为都与其价值主张保持一致，而且每项行为均有益于实现其战略主旨。例如，Zara 成功的"法宝"就是速度。在价值链的每一个环节，Zara 规划好每一项经济行为，以最快的速度完成每一个流程：它的设计团队可以快速响应当季时尚；它的生产工厂就在附近；它拥有自己的卡车车队，可以确保快速交货；它投资 IT，加快了设计和生产之间的沟通速度。上述的所有经济行为均有助于提高 Zara 的服装交付速度。因而，我们得出结论：Zara 的各项经济行为符合基本的一致性。

当企业的经济行为与其价值主张不一致时，它们会相互抵消。我的一位客户希望自己的定位是：向行业领先的折扣店提供价格低廉的袜子的供应商。但遗憾的是，当他工厂里的经理们试图削减成本时，其营销人员却允许甚至鼓励其规模不一的零售客户订购具有独一无二的颜色的袜子，也就是说这些袜子都需要定制。这些"独一无二的颜色"超出了你的想象。例如，白色会有数百种变化，其中每一种都需要独特的染制配方。工厂分批生产出来的袜子数量一定会大于客户的订单数量。这就造成了大量的库存积压，如果将这些袜子首尾相连摆出来，可以绕地球一圈。（这里有一个用"数字"使企业采取行动的例子。）这不是第一家，也不会是最后一家在销售和生产之间苦苦挣扎的企业。我还是用数字说明吧：一致性意味着1+1+1=3，而不是**小于3**。不一致的经济行为会使整体小于部分之和。

协同契合性的第二种表现形式是各个经济行为相互补充或相互强化。这是真正的协同增效作用，每项经济行为的实施都可以提升另外一项经济行为的价值。例如，Zara 选择了人流量大的门店位置，其门店内售卖大量的时尚系列，二者相辅相成。此外，引人注目的黄金地段可以让门店实现每两周更新一次所有货品的目标。巨大的展示窗就像一个灯塔，吸引着顾客前来光顾。

我们再来看看奈飞公司的例子。奈飞公司的会员可以访问其庞大的电影资料库（公司最开始将这些影碟保存在地区仓库，后来越来越多地采用数字存储）。另外，奈飞公司还有一个电影评分系统，由会员撰写影评。而后，该系统的发展规模逐渐壮大，截至 2010 年，该系统已经有超过 10 亿条影评。该公司的首席执行官里德·哈斯廷斯解释道："我们试图解决的真正问题是如何改变人们选择电影的方式，以便消费者们可以源源不断地找到他们喜爱的电影。这是一个巨大的匹配性问题。我们这里有 55 000 张电影碟片，美国有 3 亿人，但大多数人无法说出他们最想看的十部电影。"奈飞公司的电影评分系统与其庞大的电影资料库相得益彰：电影评分系统可以让会员拓宽观影品位，从而让庞大的电影资料库发挥更大的价值。

家得宝的例子也体现了各项经济行为的相互强化。家得宝基本的价值主张包括三个方面：丰富的货品选择、日常低廉的价格以及专业的销售服务。在家得宝之前，从没有企业同时采取这几项经济行为。大型仓储式商店形式对于提供种类丰富的货品和保持低价至关重要。但是，如果没有优质的服务，顾客就会迷失在这些仓储式商店中。

20世纪70年代后期，家得宝的创始人伯尼·马库斯和阿瑟·布兰克聘用了具备丰富的专业技能的员工（这在当时是一个激进的做法），公司支付这些员工丰厚的薪酬，并培养他们服务顾客的信念。例如，当顾客询问在哪里可以找到想要的家居用品时，家得宝的员工会带领顾客走到正确的货品通道，这是他们所接受的培训。据说，马库斯曾经对他的员工说，如果他发现员工只是为顾客指路而不是引路，他会"把他们的手指头掰下来"。家得宝的店铺规模与其专业的服务协同契合，发挥了更大的作用。如果没有销售人员提供的专业服务，门店规模也无法发挥作用。

将家得宝与宜家家居进行比较和对比很有趣。二者都采用大型店面来服务其低价定位，但家得宝的定位以及货品的摆放方式要求店内必须配备销售人员，而在宜家家居，销售人员变得无关紧要。无论是家得宝还是宜家家居，其价值链各个环节的取舍与协同契合均是为各自的战略而服务的。

协同契合性的第三种表现形式是各个经济行为之间的相互替代。执行一项经济行为，就不必进行另外一项经济行为。宜家家居采用全景样品间展示家具，并配有信息翔实的货品吊牌，二者替代了销售人员。Zara 的店面坐落于黄金地段，而且店内的时尚服装系列更新很快，二者替代了传统的广告。越来越多的公司学会了与供应商或客户合作，亦或与两者都合作，从而优化跨公司的各项业务。例如，对于大型企业客户，戴尔会将客户定制的软件统一加载到新的个人电脑中。戴尔在组装过程中就进行这项工作，可以比客户自己做这项工作完成得更快、费用也更低廉，因为客户的 IT 部门必须等到电脑交付后才能逐台加载软件。这种替代降低了产品的总成本，使戴尔能够与其客户分享节省下来的这部分费用。因此，替代可以优化公司的价值链。

协同契合性的上述三种表现形式都很常见，而且经常重叠。在拥有卓越战略的企业里，各项经济行为的协同契合普遍且复杂。

绘制你的经济行为体系图

为了展示企业重要的经济行为及其与价值主张之间的关系，以及各个经济行为之间的关系，波特创建了一个分析图表，他称之为"经济行为体系图"。

绘制此图表时，你可以从价值主张的核心要素开始。以宜家家居为例，我认为核心要素包括三方面：宜家风格、低价和即买即用。

然后，你要确定企业最重要的经济行为，即那些可以创造客户价值的经济行为或会产生重大成本的经济行为。接着，尝试列出企业在每个环节所选择的独特经济行为。这样，企业与其竞争对手之间的对比就会更为明显。例如，即使粗略地看一眼宜家家居的价值链和传统家具店的价值链的对比，就会发现它在店内服务和配送方式方面的独特配置。

下一步，如图 6-1 所示：列出这些经济行为，然后将存在协同契合性的用线连接起来——连线表示经济行为有利于实现价值主张，或者经济行为彼此相互影响。比如，在宜家家居的经济行为体系图中，平板式包装有助于实现低价和即买即用，也会促进顾客自助配送，等等。当你绘制出一张完整的宜家家居经济行为体系图时，就会得到一个极其密集且错综复杂的网状图。这对战略来说是件好事。反之，连接稀疏的图表很可能表明战略不够强大。

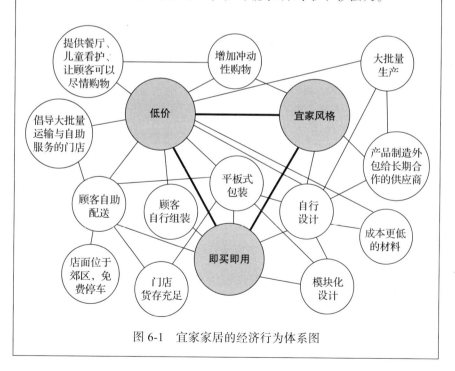

图 6-1　宜家家居的经济行为体系图

> 经济行为体系图可以帮助你了解每项经济行为是否有助于实现企业的整体定位——包括服务的客户群体、满足需求的类别、产品或服务的相对价格等。对于每项经济行为，问问如何才能将其与整体战略更好地结合起来，对即使是像订单处理或货运物流等这些看起来基本在各个企业通用的环节，也应如此。波特观察到，在大多数组织中，有些经济行为与企业的战略的一致性被忽略了，因为它们没有被视作战略的一部分。
>
> 经济行为体系图也可以帮助你找到增强协同契合性的方法。负责每项经济行为的企业经理人通常可以告诉你他们的业绩是否受到其他经济行为的影响，他们也可能对如何提高经济行为之间的协同契合性有些想法。我们要尝试超越基本的一致性。你能否找到新的方法，使各项经济行为相互增益，或者使一项经济行为替代其他经济行为吗？
>
> 经济行为体系图还可以激发企业关于如何使其战略更具有持续性的创造力。你能否找到新的经济行为或改善现有的经济行为，让这些经济行为的成本或效率因为**既有的经济行为体系**而得到改善？你是否可以在各项经济行为的基础上提供某些服务、功能或产品种类（而你的竞争对手无法提供）？这类基于现有经济行为体系的拓展是最不容易被竞争对手效仿的。

协同契合性与核心竞争力

关于战略有一个基本的问题：竞争优势从何而来？波特认为，协同契合性为这个问题的回答提供了新的思路。许多公司在寻求竞争优势的过程中将重点放在重要资源、核心能力或关键的成功因素上。尽管这些术语之间存在专业方面的差异，但企业管理者使用这些术语时很随意，可以交替着使用它们，并将它们统称为**核心竞争力**。这反映了一个相似的观点：无论是无形的技能还是实体的资产，竞争优势来自少数的几个因素。因此，竞争的方式就是要获得和发展这些核心竞争力。

企业在制定战略时常犯的错误是选择与行业其他竞争对手相同的核心竞争力。例如，如果你认为只有少数几件事情对竞争至关重要，那么你就会与竞争对手激烈角逐，誓要抢在竞争对手之前获得这些有价值的东西。于是乎，整个行业都纷纷争抢着控制所谓的"战略"资源——既定的客户群体（例如手机上网用户）、分销渠道（例如电视台或有线电视系统、股票经纪人）或产品组合（例如电影库），结果是推高了这些资源的成本。在这种情况下，1999~2000年期间，美国电话电报公司（AT&T）以1300亿美元的价格收购了有线电视公司TCI、MediaOne以及Cablevision的一部分。然而，仅仅两年后，这些资产就以440亿美元的价格卖给了康卡斯特公司（Comcast）。不难看出这种竞争方式的走向：效仿、竞争趋同、"竞争就是要做最好"的零和游戏。

> 企业在制定战略时常犯的错误是选择与行业其他竞争对手相同的核心竞争力。

别太快决定"只保留核心竞争力，其余业务外包"

你所在企业的核心竞争力是什么？如果你问出这一问题，那么你就不太会关注量身定制的价值链、适当的取舍和协同契合性。如果在竞争中只有少数事情是重要的，那么就意味着很多事情根本就无足轻重。专注于"核心竞争力"这一逻辑导致许多公司没有彻底地想清楚战略后果就盲目追求外包。标准的观点是：公司应该专注于其核心经济行为。那些非"核心"的可以外包给更高效的供应商。

但是，一旦你理解了协同契合性的作用，就会更加审慎地谋划外包。波特并没有试图确定哪些是**核心的**经济行为，而是提出了另外一个问题：哪些是**通用的**经济行为？哪些是企业**特有的**经济行为？通用的经济行为是指那些无法根据公司的定位进行有意义的量身定制的经济行为，这些经济行为的确可以外包给更高效的外部供应商。然而，波特认为还有一些经济行为是符合或可以符合企业自身战略的，尤其是还有一些经济行为对其他经济行为有很强的互补性，如果将它们外包出去，企业就会承担很大的风险。留在企业价值链上的经济行为越少，推动量身定制价值链、适当取舍和增强协同契合性的机会就越少。

诚然，外包后的初期，企业的确可以在短时间内节省成本，但从长远的角度却不一定能达到这个目的，而且还可能造成竞争趋同。外包不仅限制了企业提升战略独特性和协同契合性的机会，还会推动整个行业更加同质化。

协同契合性意味着整体比任何单独的部分都更重要，许多经济行为合在一起创造价值，而不是几个孤立的经济行为发挥作用。例如，Zara 成功的原因是什么？是 Zara 敏锐的时尚品位吗？还是它在欧洲灵活机变的制造工厂？是它优越的店面位置吗？还是它独有的物流方式？我们不可能在一项或两项核心竞争力中找到答案，因为"谜底"在于其所有创造价值的各项经济行为之间良好的协同契合性。Zara 的战略涉及同时做出的一系列选择。Zara 的成功依赖于一套相互依存的经济行为体系，而不是仅依赖于一两个强大的部分。Zara 的成功不仅来自它在配置各个经济行为时的取舍，也来自这些经济行为之间的相互作用。

协同契合意味着各个经济行为（以及相关的技能、能力或资源）的竞争价值均不能独立于经济行为体系或整体战略。无论是西南航空还是 Zara，无论是家得宝还是劳氏，无论是企业租车还是 Zipcar 租车，无论是 In-N-Out 汉堡还是麦当劳，无论是爱德华·琼斯金融服务公司还是奈飞公司，价值都不仅仅来自"核心竞争力"，还来自它们在企业定位中的部署方式。

协同契合性增强了战略的持续性

协同契合性不仅通过提高产品价值或降低投入成本来扩大竞争优势，而且增强了这种优势的持续性。我们曾在第五章中阐述，取舍的存在使竞争对手难以效仿成功的战略，而协同契合性使效仿变得更困难。因为若想从效仿中受益，就得复制一整套相互依存的经济行为体系。

波特认为，协同契合性可以通过多种方式遏制效仿行为。首先，它使竞争对手很难弄清楚自己必须效仿什么。如果你想效仿Zara，你到底要效仿它什么？效仿它的产品设计方式还是店面陈设？效仿它的生产运营还是它的卡车车队？竞争对手确实可能很容易地辨别出各个经济行为基本的一致性，但是，一家企业的定位越是依赖其内部各项经济行为错综复杂的协同契合性，其竞争对手就越难明确自己该效仿的是什么。除非你是企业内部人员，否则很难理清头绪。

其次，即使竞争对手能够识别出经济行为的相互联系，他们也很难全部照抄，因为复制协同契合性在组织层面上的操作难度相当大。效仿某些产品功能或特定的销售方式不难，但是复制一个完整的经济行为体系则具有相当大的挑战性，通常需要跨工作组、跨部门和跨职能联合做出决策并行动。

战略的协同契合性在潜在效仿者的效仿之路上设置了多个障碍，降低了战略被竞争者效仿的概率。为了具体说明这一点，波特采用了一个简单的数学公式论证。假设你效仿任何一项经济行为的成功概率为90%，那么如果你效仿的经济体行为体系有两项经济行为，那么你效仿这一体系的成功概率为81%（0.9×0.9）。如果这一体系有四项经济行为，你的成功概率会下降到66%（$0.9 \times 0.9 \times 0.9 \times 0.9$）。以此类推。

> 战略的协同契合性在潜在效仿者的效仿之路上设置了多个障碍，降低了战略被竞争者效仿的概率。

现在我们来思考一下宜家家居或Zara被成功效仿的可能性。一旦你能认清战略是由一个个相互关联的选择组成的体系（见图6-2），就会理解复合概率是如何快速地使一个好的战略具有持续性。此外，由于协同契合性降低了效仿成功的概率，它也就加大了效仿失败的惩罚力度，因为各项经济行为是相互关联的。正如我们在上文中提到的英国航空公司旗下的廉价航空公司高飞航空的案例所显示的那样，一项决策的失误会在价值链的其他环节产生连锁反应。

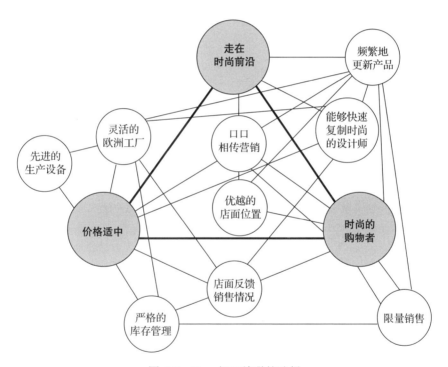

图6-2　Zara相互关联的选择

关于这点，还有一个微妙的推论。波特观察到，协同契合性程度高的企业通常在战略**和**执行力方面均更胜一筹，所以，从一开始，他们就不太可能吸引效仿者。为什么呢？因为当各个经济行为相互影响时，其中一项经济行为的缺陷会损害整体业绩。这往往会让薄弱环节凸显出来，从而使其更有可能得到解决。这也意味着企业在解决运营方面的不足时有更大的优势，也更为迫切。企业由此产生的修正实力是对效仿者的另一种威慑。

在第四章，我们了解到企业需要形成量身定制的价值链——一系列**不同的经济行为**，这是防止竞争对手效仿的第一道防线。在第五章，我们知道了企业的取舍构成了第二道防线。量身定制的价值链和取舍可以防止**既有**竞争对手通过骑墙或重新定位来效仿好的战略。竞争对手为了效仿所需重新规划的经济行为越多，对其当前定位的损害就越大。

最后，协同契合性诠释了在面对新进入者时，企业为何能够保持竞争优势，即便是那些最坚定的新进入者亦无法赶超这种竞争优势。在"竞争就是要做最好"的氛围中，效仿是很容易的，优势也是暂时的。但是，如果一家企业在竞争中越是专注于其独特性，它就越不容易被效仿，而且可以长期保持竞争优势。伟大的战略好似一个复杂的体系，其中所有的组成部分严丝合缝地结合成一个整体。你所做的每一件事都会放大你所做的其他事情的价值。这增强了你的竞争优势，也提高了持续性。波特说："协同契合性通过创造一个链条将效仿者拒之门外，这个链条的坚固程度取决于它最坚固的一环。"

| 第七章 |
| CHAPTER 7 |

战略的引擎：持续性

我们现在分析战略需要通过的第五项测试，它也是最后一项测试：持续性。我们先简要概括一下这五项测试（见表7-1）。前两项测试内容是独特的价值主张和量身定制的价值链，它们是战略的核心。第三项测试的内容是与竞争对手不同的取舍，这是战略产生经济效益的关键。取舍能产生价格和成本的差异，并且长期维系这些差异。战略需要通过的第四项测试是价值链的协同契合性，这相当于是一个放大器，可以放大竞争优势的本质——成本和价格差异，让竞争对手更加难以模仿战略。战略的最后一项测试是持续性，它是战略的引擎。战略的其他要素——量身定制的价值链、取舍、协同契合性都需要时间来磨合。而如果一个组织的战略缺乏持续性，那么它根本就不可能形成竞争优势。

表 7-1 检验战略是否优秀的五项测试

1. 独特的价值主张 你是否以适当的相对价格为选定的客户群体提供与众不同的价值？
2. 量身定制的价值链 在施行价值主张的过程中，你所采取的一系列经济行为是否与你的竞争对手不同？
3. 与竞争对手不同的取舍 你是否清楚自己应该选择不做什么才能最高效且最有效地实现价值？
4. 价值链的协同契合性 你开展的一部分经济行为的价值是否被另外一部分经济行为提升了？
5. 持续性 你的战略核心是否具有足够的稳定性，使你所在的组织发挥长处，促进组织制定独特的价值主张和量身定制的价值链、进行适当的取舍并建立协同契合性呢？

新一代的商界领袖一直孜孜不懈地专注于变革。他们所处的环境充斥着各种有关变革的建议，例如：如何应对不断加快的变革步伐？如何克服变革的阻力？如何领导大规模变革举措？诸如此类的建议比比皆是。很多针对企业管理者撰写的有关变革的文献充满激情，就是要激发企业进行变革。然而，这种氛围会滋生过激的言论，可能会危及优秀的战略。当今时代，每一次变化都被称为"颠覆性的"，无论这些变化是缓慢发生的还是突然发生的，无论这些变化产生的作用微乎其微还是影响深远。想想你听到"不断重塑"和"彻底变革"这类词语的频率有多高吧。

诚然，竞争是动态的，而非静态的，公司身处的"竞技场"在不断发生变化。客户的需求在变化。新的竞争者会出现。旧技术迭代发展，新技术层出不穷。应对变化是战略的重要组成部分。众所周知，很多曾经傲视群雄的大企业由于未能认识到变革的必要性或未能有效地实施变革而一蹶不振。

但是，保持战略的持续性却必不可少，尽管它听起来没什么新意。

现在人们往往聚焦于那些基本没有做出改变的公司，波特强调了一个同样甚至可以说是更为严重的错误：有些企业变革的步伐过大，而且方向错误。另外，他还澄清：制定战略（做出选择，界定限制）并不会削弱企业变革的能力。实际上，这些反而会促进企业进行真正的创新。

为什么持续性必不可少

正如上文所述，战略涉及一个组织进行市场运作的各个方面，其本质是错综复杂的。试想，如何才能了解客户的需求并为他们创造真正的价值？你所在的组织与其供应商和合作伙伴之间的关系如何？组织如何施行各项经济行为？这些经济行为之间彼此一致吗？符合你的价值主张吗？这些因素都要考虑在内。另外，还要牢记：施行上述所有这些活动时，还要协调好数百甚至数十万人员的各项工作。

如果用烹饪来比喻，我想表达的意思就是：战略不能用猛火翻炒，而是需要小火慢炖，经过一段时间后，食材本身的味道才能被激发出来，才会香味四溢。也就是说，随着时间的流逝，企业所涉及的各方（既包括内部员工，也包括外部供应商、合作伙伴等）才能深刻地认识到企业可以为他们提供什么，或者他们可以为企业提供什么。如此，大量的经济行为才能更好地贴合战略且彼此一致。从这一方面而言，战略的实施根本在于相关人员及他们理解和推进变革的能力。接下来，我们要探讨持续性如何有助于企业打造竞争优势。

持续性可以增强企业的辨识度，有助于企业树立品牌、打造声誉、建立并维护客户关系。In-N-Out 汉堡多年来一直坚守持续性这一原则，因此，在当今过度活跃、追逐时髦的商业文化中更像一个局外人。这家汉堡店引以为傲的是其老式菜单（制作汉堡时采用新鲜的牛肉和真正的土豆，调配奶昔时加入的是纯正的冰激凌）及其旧时代的价值观（对待员工好似家里人）。其热切而忠诚的顾客会炫耀：为了享用这里的美味汉堡，他们不惜长途跋涉，也愿意在新店开业之际耐心地排长队等待。该店的网站也是这样表述的："虽然时代已经改变，但In-N-Out汉堡不会改变。"今天，你在这家餐厅内，还可以准确地找到"1948年以来光顾这里的顾客曾经享用的餐品"。

宝马汽车、宜家家居和迪士尼所做的变革要多得多，但客户永远不会弄错这些公司代表什么，它们能满足什么需求、不能满足什么需求。换句话说，这些公司很清楚自己的核心价值主张是什么、应该进行哪些重要的取舍。优秀的战略与客户反复磨合，并长时间地始终贯彻如一，只有这样，才能赋予品牌力量。

持续性有助于供应商、销售渠道和其他外部合作伙伴助力企业实现并保持竞争优势。这些全都在于按照企业战略有针对地将各方协调一致。例如，20世纪90年代至21世纪之初，戴尔与其主要供应商建立了富有成效的合作关系，如此，它的需求可以得到更好的满足，而这归功于戴尔战略的持续性。受到戴尔的鼓励，数百家供应商将他们的仓库和生产工厂集中设置在得克萨斯州的奥斯汀，相关公司形成了商业集群，集群内包括半导体制造商、电子元件制造商、软件公司以及技术咨询和服务公司。（**集群**在竞争中扮演着特殊的角色，具体内容详见本书末尾的波特术语录。）企业外部各方与企业合作的时间越长，就越容易理解企业的战略目标和采取的各项举措。

战略的持续性可以让合作的双方均受益。正是由于持续性，瑞士食品巨头雀巢为其在印度的奶制品加工建立的奶农供奶基地才能如此欣欣向荣。20世纪60年代这个基地刚建成时，雀巢在这里设立了冷藏库作为牛奶收集站，当时只有180名当地农民提供牛奶。经过一段时间后，雀巢开始为奶农提供技术援助、知识培训和一些必需品，由此，奶农的生产力大为提高，生活也日益富足。后来，为雀巢供应牛奶的奶农已增至75 000余人。

战略的持续性让劳动力市场也受益。劳动力市场是供给侧的另外一个来源，战略的持续性让企业租车和西南航空等公司可以吸引那些符合公司战略发展的员工。另外，持续性还增进了企业与其分销渠道的关系，这些都需要时间。丰田推出其高端汽车雷克萨斯后，多年来一直投入巨资建立独立的经销商网络。如果丰田没有长期执行这一战略，那当初的投资就没有任何意义。

持续性有助于组织改善各项经济行为并促进这些行为的协同契合性，它使组织可以针对其战略培养员工独特的能力和技能。例如，印度阿拉文德眼科医院的战略就具有持续性，这使它可以为员工制定专门的培训计划，并大范围教授有关课程，为印度培养更多的眼科医生。今天，阿拉文德眼科医院开设的课程内容广泛，不但包括为眼科医生提供的住院医师课程，还有为仪器维护技术人员提供的非临床课程。再如美国西南航空公司和四季酒店，这两家企业均以其独特的服务风格而著称。多年来，它们的招聘技巧日臻完善，可以更有效地筛选出合格的应试者，这些最终被聘用的人员具备应有的技能和良好的工作态度，符合企业的战略要求。正是通过长期地贯彻、执行战略，企业才能制定出一系列难以被效仿的战略资产，包括企业文化。

　　战略具有持续性，才有可能让全体员工都理解企业的战略，让他们知道应该如何做才能有利于战略的实施。他们了解得越透彻，才越有可能巩固和加强战略，而企业管理者们才更有可能协调好跨业务的各项经济行为。我在这里要强调的一点是：培养技能和协调各部门的业务绝非一日之功。

　　因此，战略的持续性尤为宝贵，有些企业频繁改变战略，最后付出了高昂的代价。改变战略需要重新规划经济行为并调整全套经济行为体系，客户以及价值链的合作伙伴必须重新了解公司目前正在尝试做什么，这通常意味着要投入巨资重新打造企业的品牌和形象。我还是以上文提及的美国西尔斯百货公司为例：从20世纪80年代开始，西尔斯就频频尝试从一个战略跳转到另一个战略，导致很多客户对它的形象感到困惑。长期以来，西尔斯一直以销售工具和电器而闻名，但是，它要转变战略。最开始时，它想要成为金融服务商，然后要成为时装零售商，接着它高举不可思议的口号"从股票到袜子，这里应有尽有"，要提供一站式购物。西尔斯总是发起一项倡议后没多久就转向另一项倡议，从"未来之店"到"每日低价"，从"品牌中心"到"西尔斯更柔软的一面"再到"伟大的室内家装"。正如西尔斯的一位经理所述："我们从其他公司那里获得很多好主意……每当有新想法时，我们就会试图采用，接着又会动摇，然后弃之不用，而六个月后再尝试另一个想法。一段时间后，我们再也不相信这些所谓的好主意了。"

　　成功实施一项新战略通常需要数年的时间，绝非数月之功。2006年福特汽车聘请当时还在波音公司供职的艾伦·穆拉利作为首席执行官,此时福特汽车已经在困境中挣扎了数十年。在穆拉利的领导下,福特汽车被重新定位,它的战略是"一个福特"。穆拉利剥离了他的前任们组建的"品牌之家",卖掉了捷豹、路虎、阿斯顿·马丁和沃尔沃,最后只留下福特这一品牌,同时将战略重点从卡车和 SUV 转移到小型、环保的轿车。他相信全球客户的需求和品味会融合,并趋于一致,这意味着专门为某个市场设计车型已经没什么意义。2012 款福克斯是该公司推出的真正意义上的首款全球车型。

我们来思考:对一家拥有 20 万名员工的企业而言,这样的战略转变会涉及哪些方面?首先,随着新的结构、体系和流程逐步建立,旧有的方式必须被打破;其次,必须彻底改革产品开发,还须降低生产产能,并重新谈判劳资协议;最后,还要改变营销策略。在改革进入第 4 个年头之际,穆拉利估计:福特 80% 的产品实现全球平台制造还需要 3 年时间。

福特的上述做法对管理提出了巨大的挑战。我们来回想波特是如何以数学的方法解释为什么照搬战略的效果很可能差强人意:当效仿一项经济行为的成功概率小于 1 时,那么同时效仿四五项行为的成功概率就会呈直线下降($0.9 \times 0.9 \times 0.9 \times 0.9 \times 0.9 = 0.59$)。同理,这也解释了为什么频繁转变战略可能会严重拖累业绩,因为经济行为、实践、技能或态度的转变永远跟不上新战略的要求。

战略的持续性包括什么

战略需要保持持续性并不意味着组织就应该停滞不前。只要组织的核心价值主张保持稳定,就可以对其实现价值的方式进行巨大的创新,而且组织也应该这样做。事实上,成功的企业很少被迫自我改造,因为它们自身一直不断地改善运行方式。它们会做得越来越好。它们不断寻找创造更多价值的方法,把蛋糕做大。

> 战略需要保持持续性并不意味着组织就应该停滞不前。只要组织的核心价值主张保持稳定,就可以对其实现价值的方式进行巨大的创新,而且组织也应该这样做。

1850年,保罗·朱利叶斯·路透发现了一种绝妙的方式,可以快速向市场参与者传递全球金融信息,这项"新技术"就是信鸽。他创立的路透社还在正常运营,并继续及时地提供金融市场信息,满足人们的长期需求。当然,如今信鸽已经让位于一系列技术创新——从最开始的电报,到现在的互联网,似乎已经达到技术巅峰,而企业如今的业务行为与150多年前已截然不同。

印度阿拉文德眼科医院发展到今天,已经成为一个庞大而复杂的组织,提供全方位的眼科治疗和保健服务。它与当地社区负责人和服务团体合作,开设免费的眼部检查站点,这是一个外展机制,每年为超过230万名农村患者提供眼部护理和相关知识。1992年,阿拉文德眼科医院的手术量已经达到一定规模,它又将视线瞄准了其价值链的上游,开始参与晶体的生产,人工晶体是费用最为高昂的眼科手术用品之一。其后,它的生产部门Aurolab开始生产人工晶体以及用于眼科手术的其他耗材。1976年阿拉文德眼科医院成立伊始,只有3位医生和11张床位,在过去的几十年里,医院规模和服务范围发生了巨大变化，但它始终如一地坚持以适当的价格满足人们对眼部护理的需求。

如今的沃尔玛与 1962 年这家折扣零售店刚成立时也大不相同，它最初的几家店面都设在美国的乡村小镇，这些市场还没有被其他折扣店涉足。现在，沃尔玛的业务遍及全球各种规模的市场。它的创始人山姆·沃尔顿从未想过有一天沃尔玛会成为销售某些零售商品类别的领导者。例如，现在沃尔玛是美国最大的食品杂货零售商，其实它在 20 世纪 80 年代后期才开展这项业务；沃尔玛也是最大的 DVD 零售商，而它于 1999 年才进军这一市场。风雨历程 50 载，沃尔玛销售的商品发生了巨大的变化，店面的形式和运营体系不断调整，生产效率不断提高，但其基本的价值主张没有改变：继续以每日低价向客户提供各类品牌商品。

上述的几个实例证明，正是由于战略方向的持续性，企业才能进行各方面的调整和改变。企业的基本价值主张、需要满足的核心需求及相对价格是最应该保持稳定的方面。

在不确定的情况下保持战略的持续性

企业管理者面临的最大一个难题就是：必须在不确定的情况下做出决定。如果你处于这样的困境，就很容易陷入如下的三段论误区：

我无法预测未来。

制定战略需要预测未来。

因此，我无法制定战略。

如果你无法预测下个季度会发生什么，那就更不用提三五年后会发生什么了，也许最安全的方式就是保持灵活机动的策略、努力工作，如此方保安枕无忧。至少在过去十年，关于竞争的各种辩论中，这一逻辑呈压倒性优势。

但波特认为，上述三段论的第二段是有缺陷的。伟大的战略很少是建立在对未来特别详细或具体的预测之上的。例如，此前沃尔玛发现自己正处于零售业的变革之中，但其制定的战略并不需要沃尔玛预测变革发生的方向。自 1948 年 In-N-Out 汉堡诞生以来，食品的生产、加工和消费方式一直发生着变革，但其战略并不依赖于对任何这些巨大变化的预测。当今世界，很多事件对汽车行业产生了巨大的冲击，包括石油危机、中国成为全球增长最快的汽车市场等，但宝马汽车的战略不需要对这些事件有任何预见性。

> 伟大的战略很少是建立在对未来特别详细或具体的预测之上的。

你只需要大致地了解 5 年或 10 年后哪些客户和哪些需求会相对强劲，这就足以。战略隐含着一种押注的意味，即要赌选定的客户群体或需求能够持久，以及在合适的定价前提下，满足这些需求所做的取舍也会继续适用。

从这个意义上说，某些公司的价值主张比其他公司的更为稳健、有效。戴尔选定的直销经营模式是基于这样一个判断：一些客户不希望或不需要零售商或中间商（如经销商）为他们提供建议或信息。戴尔在经营个人电脑业务的早期就做出了如此杰出的定位决策，是因为其管理层断定，随着消费者越来越熟悉电脑的使用，越来越多的人可能会放弃中间商这一环节。相对于其他战略，戴尔采取这一直销战略定位很可能让它拥有更多的增长发展机会。从这一层面而言，当时戴尔相当于做了一个预测，而后被证明是正确的，至少截至几年前是这样（更多信息参见下文"何时需要改变战略"）。

何时需要改变战略

一项战略成功的时间越长，就越难发现能够对它产生真正威胁的因素，而这些因素可能会导致战略失效。企业的战略具有持续性并不意味着管理者就可以骄傲自满，当然，人性的弱点决定了，如果不保持警惕，就会出现自满情绪。虽然优秀的战略具有持久力，但显然有些时候也必须做出改变。在波特看来，这些所谓的"拐点"相对较少，很多时候是企业过早地转变了自己的战略。因此，弄清楚应该在什么条件下才绝对需要改变战略是非常重要的。

首先，随着客户需求的变化，公司的核心价值主张可能会变得过时。通常情况下，公司能够按照需求的变化及时调整，继续为客户提供相应的服务，但也并非总是如此。当客户的需求消失时，真正的问题就出现了。

时装品牌丽资·克莱本（Liz Claiborne）成立于1976年，主要满足当时首次进入职场的新一代女性的新兴需求。它所设计的职业装为这些职场女性提供了安全感，只要她们穿着该品牌的服装，就意味着穿着得体。正因为很好地迎合了这一新需求，丽资·克莱本发展迅速并赚得盆满钵满。20世纪80年代的整整十年，该公司成绩斐然。然而，自20世纪90年代初开始，经过丽资·克莱本的着装指导十年后，女性在工作场所的穿着不安全感已经逐渐消失，她们对自己的个人选择更为自信，也更加关注服装的多样性。与此同时，职场着装的要求也开始放宽。丽资·克莱本的目标客户群体和需求急剧减少，其收益也从 1991 年的 2.23 亿美元骤降到 1994 年的 8300 万美元。

此外，除了人口统计、社会变化以外的很多其他因素也都可能导致客户需求发生变化。例如，政府监管方面的重大变化通常会改变企业创造的买方价值和投入成本。政府监管可以采取强制的方式规定客户的需求，使行业处于人为的供需平衡状态。如果放松监管，那些一直被压抑的经济力量就可以被释放出来，从而产生新的需求。一个行业发生重大的结构变化时，通常需要新的战略定位。

其次，各种创新都可能使战略所依赖的基本取舍陷入无用的窘境。戴尔的战略是以相对较低的价格满足人们对个人电脑的基本需求，这是基于其直销模式而带来的成本优势而确立的。该战略在最开始的二十年内均行之有效。但随着台湾原始设计制造商（ODM）⊖的兴起，惠普等竞争对手逐渐将其设计和组装业务外包给这些台湾厂家，与之相比，戴尔原有的成本优势不复存在。另外，戴尔还面临着个人电脑销售的对象从大型企业客户转向广大消费者这一转变，以及行业内通过零售渠道销售电脑的比重急剧上升的这些困境。这些变化让戴尔之前最重要的取舍变得"英雄无用武之地"。

⊖ 原始设计制造商，亦被称为 ODM 厂商，它们承接设计制造业务，其生产出来的产品就是 ODM 产品。ODM 厂商与代工厂（OEM 厂商）最大的区别就是，代工厂只进行代工生产，而 ODM 厂商从设计到生产都是自行完成，购买方直接贴牌即可。——译者注

20世纪90年代后期，我采访迈克尔·戴尔时，他说："戴尔的员工似乎认为我们采用的直营模式好似一个全能选手，可以处理一切问题，但是我知道，没有什么是一成不变的。"对此，他深表担忧，而事实证明，他的这一担忧是有预见性的。如果一家企业的价值链不能再让它实现其独特的价值主张以超越其竞争对手，那么这家企业就需要一个新的战略。

最后，技术突破或管理创新亦可以完全超越企业现有的价值主张。众多对战略构成威胁的因素中，技术最受人们关注。在一般情况下，新技术并不会改变游戏规则，但在某些情况下，真正具有颠覆性的技术会让当代行业领导者的资产毫无价值。柯达是主要的胶卷生产商，数码摄影对它来说是一项颠覆性技术。对大多数应用场景来说，数码摄影均优于胶片。结果，柯达拥有百年历史的胶卷技术资产价值大幅缩水。在这种极端情况下，柯达不得不投资数十亿美元来积累电子领域的专业新知识，但该公司仍然拥有其宝贵的品牌和其他方面的资产，可以在此基础上开创新的未来。

要确定一项技术是否真正具有颠覆性，可以看看这项技术是否可以融入公司现有的价值链中，或者是否可以进行调整以改善公司现有的经济行为。波特认为，在实践中，真正具有颠覆性的技术少之又少。

美国在线（America Online，AOL）采用的战略与戴尔公司的战略相似，可谓是它的"镜像"。该公司设计的网络界面友好，这让数以百万计的美国人开始访问互联网，网站向这些网民们收取较高的费用。但这种定位有一个内在的弱点：随着用户上网的经验越来越丰富，他们将不再需要美国在线提供的服务。他们会不可避免地摒弃简单的网络页面和操作模式，转而使用功能更复杂且速度更快的服务。当然，他们也可能会寻找那些只提供基础服务但价格更为低廉的网络服务提供商。

诚然，企业的确得赌定所要满足的需求将是持久性的。这是制定战略最基本的要求，但除此以外，并不需要对未来进行精准预测，波特称之为"英雄式预测"。西南航空只须判定乘客们会继续需要低成本、便捷的交通方式，而不需要预测那些有可能对航空业产生冲击的各种不确定因素，例如人们对恐怖主义的日益担忧或高涨的喷气燃料价格。In-N-Out 汉堡餐厅只需要预测一些顾客还是会继续青睐现场烹制的新鲜汉堡和薯条。同样地，宝马汽车只须预测客户对宝马的设计、驾驶性能和品牌的需求是持久的。

艾伦·穆拉利对未来汽车市场的预测简单明了：全球消费者对汽车的需求将会越来越相似。针对这一战略，穆拉利正在构建福特的未来。但是，该战略并不取决于人们对电动汽车的需求多么迅猛、电动汽车对汽车市场的冲击有多大。当然，如果电动汽车逐步发展壮大，确实可能会成为一鸣惊人且具有颠覆性技术的产品。穆拉利表示："这就是战略的意义所在：战略就是对未来有某种观点，然后基于此做出决定。最差的情况就是你没有任何想法，也不做任何决定。"波特本人也不太可能说得比穆拉利还好。

让我们再回到本节最开始探讨的三段论。很多企业高管在管理大师的欢呼雀跃声中接受了保持灵活性作为持久战略的替代方案。但是如果你用竞争优势的经济基本面分析这一替代方案，很快就会发现这种方式的缺陷。试问：保持灵活性和实现卓越业绩之间的联系在哪里？与针对需求制定的战略相比，灵活性能否更好地满足客户的需求？所谓的"灵活性"，这种半途而废的方式是否能让企业提高价格并降低成本？波特认为，如果一个组织用灵活性**代替**战略，那它就永远不会拥有自己的特色，也不会擅长某些业务。理论上讲，灵活性听起来好，但追溯到的具体的经济行为层面时，大家就会明白为什么没有战略的灵活性会导致表现平平，因为灵活性意味着没有针对性，不存在取舍，更别提各项经济行为之间还有什么协同契合性。所有这些都需要企业保持一个前进的方向。

> 如果一个组织用灵活性代替战略，那它就永远不会拥有自己的特色，也不会擅长某些业务。

什么是必须改变的

战略是一条绵延的道路，不是一个固定的点。有效的战略是动态的，它定义了预期要实现的市场目标，但并没有规定实现这一目标必须采取何种手段。尽管保持战略的持续性至关重要，但适时地做出一些调整改变对于保持竞争优势也十分关键。

首先，企业的运营必须高效。如果毫无效率，无论多么优秀的战略都无法发挥作用。你要不断地借鉴那些最佳实践，只要它们不与你的战略或最重要的取舍有所冲突。如果不能做到这一点，就会造成成本的增加，这可能会抵消你在其他方面的优势。

20世纪90年代中期宝马汽车也面临着这一挑战，当时其他汽车制造商均投入了大量资金施行最佳实践，宝马被落在了后面。以每款车型的研发时间为例。宝马需要 60 个月来研发新车，公司的管理人员也意识到这么长的时间恐怕难以为继，于是决定要将这一周期减半。在此过程中，宝马采用了一系列重要的措施提高企业的运营有效性。无论企业的战略是什么，这些措施可以提高任何一家汽车制造商的生产力。比如，此前有些设计采用的是线性工作流程，而后改进为平行式流程，可以同时进行一些步骤，这样就缩短了设计时间。另外，碰撞测试可以在计算机上模拟运行而不必用实体样车来测试。无论生产豪华轿车还是入门级家用面包车，这些都是显而易见的最佳实践。

但是，对于那些可能会影响其独特品质的因素，宝马始终坚持初衷。例如，在设计过程中，它应用了计算机辅助造型（CAS）技术，设计师利用这一技术完成了大约 80% 的工作。但要达到宝马汽车的造型要求，还需要设计师用黏土手工打造实体模型来完成。综上所述，宝马汽车的设计流程经过改进后，融合了 CAS 的时间优势，并通过实体模型进一步完善质量，保证其品质。

新技术层出不穷，管理创新不断出现，它们的某些用途将会成为每个企业都会采用的最佳实践，还有些用途会具有战略意义。你需要做的是：要仔细评估这些用途。对于任何创新，你只需要问一个简单的问题：这项创新会增强你的战略还是会损害其独特性？

其次，只要有办法能拓展你的价值主张或以更好的方式实现这一价值主张，你就必须做出改变。这些改变是有针对性的，不会对所有的公司都有同样的好处。在某种程度上，这些创新机遇之所以出现，正是因为你从一开始就制定了自己的战略。早在奈飞公司的首席执行官里德·哈斯廷斯成立公司伊始，他就开始着手寻找可以利用网络传递影视文件的方案，当时公司还只是通过传统的邮递业务配送 DVD 光盘。当流式传输技术出现，可以直接将视频发送到客户电脑时，奈飞公司立即意识到这样做可以更好地满足需求，而最初其战略就是围绕这些需求制定的。邮购是最直接的营销模式，而流媒体会进一步缩减时间成本和物流成本，因为公司无须邮寄 DVD 光盘给客户，而客户也无须寄回。（2010 年，邮寄 DVD 光盘的成本约为 1 美元，而流媒体只需 5 美分。）前文提到硬币之星公司在各处设立红盒子售货亭租借影碟，以其独特的便利性吸引顾客，对这类竞争对手而言，流媒体对企业的冲击就不那么直接。

面对电动汽车的兴起，与其他汽车制造商不同，宝马汽车将这一新事物视为扩展既有价值主张的一次机遇。当大多数汽车制造商纷纷利用自己既有的油车技术平台推出电动汽车时，宝马的工程师们却认为，如果想让宝马开发的电动汽车实现其品牌一直以来为人所津津乐道的那些性能和造型，唯一的方法就是从里到外全部重新设计，另外，车身和其他部件将采用碳纤维结构，这样会抵消汽车电池的额外重量。宝马的设计总监阿德里安·范·胡东克表示，他们的电动汽车定位是"优质的可持续性"，针对的是"城市里富裕的驾驶者，让他们可以用行动彰显自己的环保意识"，而不需要"降低生活品质"。

战略的出现和战略的发展

波特撰写战略方面的著作时，会选择那些战略成熟且丰富的公司作为例证，比如西南航空或宜家家居。如果诺贝尔奖设置商业战略这一类别，上述公司一定会赢得这一奖项。这些伟大的企业楷模以优异的成绩通过了战略的所有测试，它们实现了大多数企业管理者梦寐以求的成就：几十年来一直保持着出色的业绩（见图7-1）。波特审视这些企业取得的成就，并思考：它们为什么能够取得成功？最后发现答案总是相同的：每一家成功的企业都能创建一个复杂高效的运作体系，可以在特定的行业环境中创造独特的价值。我在这里要强调的是：这些企业历时数十年与这些错综复杂的体系不断磨合，才使得它们日趋成熟完善。这就是为什么波特将持续性列入战略需要通过的五项测试之一，也是我称其为战略的引擎的原因。

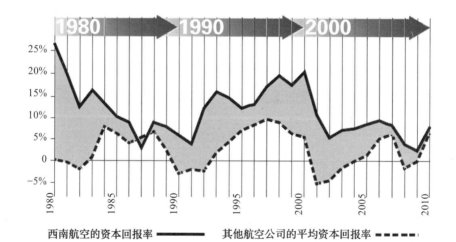

图 7-1　西南航空战略的持续性

注：西南航空长期以来一直保持着竞争优势，这显示了其战略的持续性。从 1980 年至 2010 年的 30 年间，西南航空的平均资本回报率为 11.4%，而航空业的平均资本回报率仅为 3.1%。西南航空的优势在 20 世纪 80 年代和 90 年代最为明显。在 21 世纪的头十年里，面对来自劳动力成本较低的效仿者的竞争，它的竞争优势亦呈现衰微之势。与此同时，企业内部的增长压力导致西南航空放宽了一些核心的取舍。例如，曾经西南航空只飞短途航线，现在它也涉足长途航线。放宽取舍会产生经济后果。

现在，我相信，没有人会天真地以为，波特的意思是企业只需要通过如下三个简单的步骤就可以在一夜之间建立起来一个像西南航空和宜家家居这样的公司。

- 进行一些分析（五种力量、价值链、相对成本和价值分析）。
- 绘制行业形势图，标明既有企业的定位。
- 选择一个尚未被其他企业涉足的定位。

部分企业管理者质疑是否有人能提前设计出这样一个复杂的体系，认为即使是波特本人也无法做到，所以做战略分析可能就是在浪费时间，还不如发挥创业精神，进行大量的尝试，看看哪种战略会适合企业的发展。

那么，对于如何在根据分析结果设定战略与进行各项尝试直到发现适合企业发展的战略这两者之间取得平衡，波特的观点是什么？你可能会认定，波特一定会百分之百地支持根据分析结果设定战略这一论断，但其实并非如此。波特认为：好的分析必不可少，但是完全基于分析和设计而制定的战略是不对的。因为人们无法预测一切，会有太多的变量和不确定性因素。随着时间的流逝，企业在为客户提供服务、与竞争对手竞争的过程中，会对其战略产生重要的洞察，而这种洞察在刚开始设计战略时可能是没有的。另外，新的机遇也可能不定时出现。

战略的持续性为企业赢得了时间，可以让所有人更加深刻地理解企业的战略。换句话说，长期坚持战略可以让企业更全面地了解它所创造的价值，并真正擅长于此。战略从来不是在诞生的第一天就完全成型的。西南航空成立后，它耗费了整整4年的时间才将自己的第一趟航班送上蓝天。宜家家居的创始人英格瓦·坎普拉德于1943年就创办了自己的公司，1958年才开了第一家店，直到20世纪60年代中期才开始尝试其标志性的自助门店模式。企业不断测试其定位，并学习如何最好地创造价值，往往是在这样的探索过程中才会形成真正的战略，这一过程可能历经数年，犯下不少错误。

另外，波特警示，企业也不能走另外一个极端，即鼓励所有部门进行毫不相干的各项尝试以期能找到适合自己的战略。因为战略是一个整体，并非各不相关的部分。企业必须得先有一个比较稳定的核心发展理念，或者至少有一个关于公司将如何创造并获取价值的基础设想，如此，才能进行各种尝试。

通常情况下，制定战略之初，只需要做出两三项基本选择。经过一段时间后，企业的战略会变得更加明晰，这时再做出几项选择以补充并扩展最初的选择。正如我们之前所述，西南航空成立初期只有三架飞机，其价值主张也非常简单，就是以低价提供便捷的航空服务。另外，我们还看到航班在登机口的快速周转是西南航空的一项重要竞争优势。但这一至关重要的制胜因素并不是西南航空的创始人一开始就设想好的。

早些时候，西南航空首席执行官拉马尔·缪斯发现了一个可以提供州外包机服务的机会，于是他就购买了第四架飞机。除正常的包机服务外，这架飞机还使西南航空可以在其常规航线上增加更多的班次，从而提高了其便利性。但不巧的是，联邦地方法院随后裁定西南航空不能在得克萨斯州以外的地域飞行。于是，忽然之间，第四架飞机成了经济负担，缪斯卖掉了它，但他还是特别想保持更多的班次。这是可以行得通的，但前提是必须将飞机在登机口的周转时间控制在10分钟以内。需求是发明之母，正如当时在西南航空机场工作的一位经理回忆时所述："我们中的大多数人都没有航空公司的背景，不知道我们不能这样做，所以我们就这样做了。"

当你研究一个非常优秀的战略时，比如西南航空或宜家家居的战略，你会发现它们极其错综复杂，却在各个方面保持目标一致，其中经济层面的逻辑关系异常清晰，引人注目，你会认为它们一定是提前就规划好了这些战略。但事实并非如此。我们以戴尔为例，其早期的战略核心只明确两点：第一，采取直销模式，以此规避经销商赚取中间利润；第二，购买组件，并按订单需求组装电脑，以避免企业内部技术开发和组件制造的成本。围绕着这两个战略核心，企业在发展，很多情况也在发生变化，因为企业逐渐察觉出战略中蕴含着的各种可能性，这些是迈克尔·戴尔一开始制定战略时并没有预料到的。

例如，在企业创立初期，戴尔发现，与小型采购商相比，戴尔的价值主张对那些拥有内部IT部门的大型企业客户更具吸引力。事实证明，大客户订购的电脑数量相当大，戴尔在为这些客户服务时可以实现非常高的效率。因此，戴尔早期集中精力主要满足规模较大的企业客户，而将当时不太赚钱的消费者市场留给了其他计算机制造商。

这一战略实施数年后，戴尔意识到，产品的直销模式以及根据客户订单进行组装的生产方式还为公司带来了其他方面的重要竞争优势。它们使戴尔的生产周期更短、库存水平更低，由此，戴尔在组件价格迅速下滑时赢得了相对的成本优势。反观戴尔的竞争对手，由于它们必须得保持一定的库存量，结果导致了库里积压着组件更为昂贵但版本更老的电脑。另外，戴尔还意识到，由于与客户建立了直接的合作关系，与竞争对手相比，自己能更好地了解客户未来的需求，而这又反过来改善了戴尔对供应链的管理。截至 21 世纪初，上述战略一直是戴尔成本优势的核心，也是它可以以更低的价格向客户配备标准的 Windows 操作软件和 Intel CPU 的个人电脑的能力的核心。

戴尔历经数年才充分认识到其战略所拥有的经济力量。戴尔对去库存化对其价值主张的重要性了解得越多，就越能让企业的每位员工都集中精力想出减少存货量的新方法。当其他个人电脑制造商都在关注毛利率时，戴尔关注的却是资本回报率，这一指标可以反映企业库存管理的情况。另外，戴尔也从走过的弯路汲取了教训。20 世纪 80 年代，企业增长放缓，戴尔曾试图通过经销商销售电脑，但很快就意识到试图骑墙两个定位的做法弊大于利，于是立即重新专注于它所擅长的直销模式。

波特的关键观点是：企业在制定战略时，基本不太可能预料到所有之后会对企业产生重要影响的因素。因此，在企业的发展中，变革是不可避免的，而且施行变革的能力至关重要。但只有保持战略方向的持续性，才更有可能进行有效的变革。不可否认，运气在一些非凡的商业成功中的确发挥了作用。但是，波特会问：你是否愿意投资给那些"战略"完全依靠运气的人？你可能无法通过分析来取得惊人的成就，因为这受到创造力和机缘的影响。但是如果你能掌握战略的要领，就更有可能在整个过程中做出更好的决策。

持续性悖论

20世纪90年代以来，引领变革已成为伟大首席执行官的标志行为。然而，持续性原则提醒我们，并不是所有的改变都是好的，太多的改变可能会带来负面影响，另外，并不是所有的转变都需要改变战略。如果你能理解持续性对于战略的意义，你就会改变对变革本身的看法。这就产生了一个悖论：战略的持续性实际上提高了企业适应环境变化和创新的能力。

> **这就产生了一个悖论：战略的持续性实际上提高了企业适应环境变化和创新的能力。**

为什么会出现这种情况？变革的过程其实是对海量信息进行筛选和分类，并将注意力集中在企业需要采取的具体行动上。当今世界发生着各种变化：利率和汇率波动，社交媒体呈指数级增长，一些新的零售形式出现了，中国做了这个，印度做了那个，新生代表现出与父辈不同的价值观和工作习惯，硅芯片实现了令人难以置信的电路密度。但波特指出，显而易见，上述这些变化以及其他数百起事件对各个企业的影响是不一样的。当然，如果你没有战略，那么任何一个事件都似乎很重要。但是，如果你拥有战略，它可以帮助你确定什么是重要的，因为你知道谁是你要服务的客户群体，哪些是你要满足的需求以及你的价值链如何以合适的价格完成你要做的事。这些要素奠定了公司的基础，使其能够理清什么是重要的，什么是不重要的。也就是说，战略更加明确了企业各项事务的轻重缓急。另外，如果一个组织有一个员工都理解的目标，那么员工就更愿意进行改变，而且紧迫感也更强。

从人性的角度而言，只有当你知道自己是谁、要达成什么目标时，才更容易改变；而当你无所适从时，就很难进行改变。如果一家企业认为，出现一个新需求就应当满足，发现一项新技术就应当采纳，那么反而会逐渐削弱企业的实力。但是，当每个人都理解自己企业的价值主张时，企业才会紧跟行业新趋势，以更具特色的方式满足客户的需求。在这种情况下，企业可以对周遭纷繁芜杂的变化进行筛选，并迅速抓住其中与己相关的机会。宜家家居的客户群体追求时尚且受过良好教育，他们比较关注环境，宜家家居2010年推出的家居系列着重强调了其平板式包装的环保性。宜家家居的平板式包装已经采用了几十年，而且与其低价战略一致，通过坚守这一营销策略，宜家家居才能一直让客户对其保持新鲜感并按照客户需求创造自己独特的价值。

组织是复杂的，需要经过一段时间后才能真正擅长创造特定的价值。波特认为，在充满各种变化和不确定因素的时期，制定深思熟虑且目标明确的战略**比以往任何时候都更重要**。乍听起来这似乎也是一个悖论，但是，想想吧，战略提供了一个明确的方向，让管理者能够排除周围的诸多干扰，这完全不存在任何矛盾。那些专注于客户价值和成本之间价差的战略，可以防止企业盲目跟风。

> 在充满各种变化和不确定因素的时期，制定深思熟虑且目标明确的战略比以往任何时候都更重要。

| 结　语 |
| CONCLUSION |

波特理论对实际应用的十个启示

在本书的导言中，我援引了马克·吐温的一段妙语，他认为：所谓经典，就是所有人都希望自己已经读过，但实际上却没有人想读的书。现在，我已经写到本书的结尾部分，也终于理解这位大作家的这句笑谈的重点：并不是经典本身太晦涩难懂，而是我们太懒惰，对自己要求太低了。

波特对企业管理者的要求既简单又严格。他只要求企业管理者要认清自己的决策和业绩之间的关系，但是，企业管理者还必须做到精确和严谨，绝对不允许掺假作弊。波特与大多数经管类作家不同，他不会直接告诉你应该怎么做。他说，他会提供一个指导框架，一个适用于所有情况的一般理论，但你所做的工作是创造性的，你必须找到自己独特的答案。

经济管理类图书给人的印象是总是追逐新思潮。今年的"突破性"想法在未来 3 年、5 年或 10 年将变得毫无用处。借用作家伊塔洛·卡尔维诺的话来说，真正的经典"总是含蓄蕴藉，余味绵长"，而对读者来说，"每一次重读经典都宛如初次拜读，都是一次发现之旅"。

我亦对此深有感触。作为总结，在此我把重读波特的著作所发现的波特理论在实际中的应用提炼为一个简短的启示清单。这类清单很容易变成老生常谈，没什么新意，但是，如果你能掌握波特的基本思想，就可以发现，这一清单中的每一条启示都是以波特构建的坚实理论为基础的。

波特理论对实际应用的十个启示

- "竞争就是要做最好"符合人们的直观思维，但会导致自我毁灭。
- 无利可图的规模扩张和增长毫不值得夸耀。竞争是要赚取利润，而不是争夺市场份额。
- 竞争优势并不是要打败对手，是要为客户创造独特的价值。如果你的企业拥有竞争优势，它将显示在损益表中。
- 独特的价值主张对战略至关重要。但战略并不只关乎营销，如果你的价值主张不需要量身定制的价值链来实现，那么它就没有战略意义。
- 不要认为你必须"取悦"所有的潜在客户，一个优秀战略的标志是它就是会让一些客户不满意。
- 战略只有明确组织**不做什么**才有意义。进行取舍是创造竞争优势并使之持续的关键。
- 既不要高估也不要低估良好的执行力的重要性。尽管执行力不太可能成为可持续优势的来源，但如果一个组织缺乏执行力，那么即使是最出色的战略也无法实现卓越的业绩。
- 优秀的战略并不是取决于一项选择，而是取决于一系列选择以及这些选择之间的联系。仅靠核心竞争力也基本不可能产生可持续的竞争优势。
- 面对不确定性因素时，保持组织的灵活性听起来似乎是个好主意，但这意味着你的组织永远不会拥有自己的特色，也不会擅长某些业务。过多的变革与过少的变革一样，都可能产生灾难性的后果。
- 致力于一项战略并不需要对未来做出"英雄式"的精准预测，这一过程实际上会提高你的创新能力和适应能力。

迈克尔·波特访谈录

2011年第一季度，我在哈佛商学院对波特教授进行了系列采访。为了做好访谈，我查阅了波特之前各次演讲的文稿，特别关注了企业管理者在演讲后的问答环节最常提出的问题。我将这些问题列入了访谈中。

1. 常见的错误和障碍

玛格丽塔：您认为最常见的战略误区是什么？

波特：我想所有错误的根源都在于第一个常见的误区——认为竞争就是要做最好，即与其他企业走同样的道路，并认为自己的企业在这条道路上会取得更好的成绩。但这是一场很难获胜的比赛，这些企业管理者将运营有效性与战略混为一谈。

第二个常见的误区是将战略与市场营销混淆。制定战略时，企业管理者很自然地会关注客户及其需求。因此，在许多企业里，战略是围绕价值主张制定的，也就是为了满足需求侧而制定的。但是，有效的战略还需要有量身定制的价值链，即可以实现价值的一系列独特的经济行为，价值链包含对供给侧的考虑。战略将需求侧的选择与独特的价值链（供给侧）选择联系起来。要想获得竞争优势，两者缺一不可。

第三个常见的误区是高估了自己的优势。许多组织在审视内部情况时经常会出现偏差。你可能觉得客户服务是你所在组织的强项，因此会试图围绕这一强项制定战略。但是，真正具有战略意义的优势必须是比任何竞争对手做得更好的事情。而"更好"是因为你施行的各项经济行为与竞争对手不同，因为你选择经济行为组合与对手不同。

第四个常见的误区是错误地定义了行业或错误地划分地理范围。现在，人们越来越倾向于宽泛地定义行业，这一趋势可以追溯到几十年前西奥多·莱维特发表的一部相当有影响力的著作。在该著作中，他举了一个著名的案例：由于铁路管理者没有意识到自己正在从事交通运输业，因此没有发现卡车和空运带来的威胁。但是，将铁路定义为交通运输业的问题在于：铁路显然是一个具有独特的经济价值和独立价值链的特殊行业，因此针对铁路的有效战略必须要考虑到该行业的特点。将铁路宽泛地定义为交通运输业是危险的，因为这可能会让铁路管理者认为他们还需要收购一家空运公司，以便能够在多种运输形式中进行竞争。

同样，还有一种倾向，就是错误地划分地理范围。当有些行业的地理范围仅限于本国或仅包含周边一些邻国时，人们也倾向于将这些行业定义为全球化行业。当今世界全球化鼓声震天，很多企业在不了解行业所涉及的各项经济因素的情况下就纷纷进行国际化。实际上，价值链是划定行业竞争地理边界、确定行业本地化程度或全球化程度的主要工具。对于本地化行业，每个地区都需要一个完整的且很大程度上独立的价值链。对于全球化行业，则是在另一个极端，其价值链各环节的重要经济行为可以在所有国家共同开展。

最后，根据我的经验，我不得不说最严重的错误（也是最常见的错误）是企业根本就没有战略。大多数企业高管以为他们有战略，实际上并没有，至少他们的战略并不符合严格的、以经济要素为考量基础的战略定义。

> 最严重的错误（也是最常见的错误）是企业根本就没有战略。大多数企业高管以为他们有战略，实际上并没有。

玛格丽塔：这是为什么呢？为什么很少有企业拥有真正伟大的战略？制定伟大战略的最大障碍是什么呢？

波特：我曾经以为大多数战略的问题来源于获取的数据有限或者数据不准确，或者是对行业和竞争对手的分析不足。换句话说，我当时认为出现战略问题的症结在于企业没有正确地理解竞争。诚然，这种情况时有发生，但随着我在这一领域工作的时间越长，就越是理解具备清晰的战略思维要克服更不易被察觉、更无所不在的障碍，而企业要长期保持其战略是多么具有挑战性。

有很多障碍会妨碍企业管理者做出明确的战略选择。一些最主要的障碍来自企业内部体系、组织结构和决策过程中隐藏的很多偏见。例如，成本信息对于战略性思考至关重要，但通常你很难获得这类数据；公司推出的激励制度奖励错误的行为；又或者人性决定了人们很难做出取舍，也很难长期保持取舍的一致性。取舍本身就是一个巨大的障碍，大多数企业管理者憎恨做出取舍，厌恶接受限制，他们几乎总是宁愿尝试服务于更多的客户，提供更多的功能，因为他们相信这会带来更高的增长和更多的利润。

我相信很多企业的战略是从内部被逐步瓦解的，其实并没有什么外界因素削弱了这些企业的战略。

除了上述这些内部因素以外，企业的外部环境中还存在着众多的"战略杀手"。这些"杀手"包括那些所谓的行业专家、监管机构和金融分析师，他们都倾向于将企业推向我所说的"竞争就是要做最好"的道路。分析师希望每家企业看起来都好似当前的市场宠儿，企业顾问会帮助你对标行业内的其他企业，抑或推销当前的流行思潮，例如向你灌输应该取悦并留住每一位客户的观念。

以"应该取悦并留住每一位客户"这一观念为例，如果你聆听每一位客户的意见并试图满足他们所有的要求，那么你就无法制定战略。那些被推销给企业管理者的众多观念，尽管有一定的道理，但细微之处却不值得推敲。战略并不是要让每位客户都满意，一位合格的战略家就是要决定服务于哪些客户、满足哪些需求。至于其他客户和其他需求肯定会得不到满足，他们会失望，对此你要坦然接受，因为这实际上是一件好事。

另外，我也相信，随着资本市场的发展，它们对制定战略和执行战略的危害越来越大。因为企业管理者现在一心一意地只追求股东价值，而股东价值仅仅衡量企业短期的业绩，这对战略和创造价值造成了极大的破坏。也就是说，企业管理者追逐着错误的目标。

> 随着资本市场的发展，它们对制定战略和执行战略的危害越来越大。因为企业管理者现在一心一意地只追求股东价值……这对战略和创造价值造成了极大的破坏。

我刚才所说的只是一部分障碍，它们会不断累加。制定战略相当困难，长期维系一个战略更是难上加难。

玛格丽塔：您能否更为深入地谈谈资本市场是如何对战略产生冲击的？

波特：这个问题涉及多个层面，让我们先了解第一个层面：金融分析师和众多的投资者评估企业业绩的方式。无论是什么行业，分析师一般会先确定一组相关的衡量指标。例如，如果是零售业，这一指标就是同店销售额。如果是另外一个行业，这一指标可能是每位员工带来的收入。当然，这些指标的确可以反映公司的运行情况，但这对战略来说的问题是，相同的指标也适用于该行业的所有企业。关于战略，我们学到的重要一课是：如果你追求不同的战略定位，那么衡量指标也要与众不同。如果你要所有企业都在相同的指标上有所进步，那么你就是在鼓励竞争趋同并损害战略的独特性。

现在看第二个层面：资本市场的参与者无时无刻不倾向于确定谁是"赢家"。通常情况下，"赢家"就是指某个似乎表现良好的企业，可能是因为它的增长速度更快，也可能是因为它在过去几个季度的盈利能力更好。对分析师而言，"赢家"的做法就是黄金标准，然后行业中的所有公司都被迫效仿业内宠儿的做法。比如，如果行业宠儿是辉瑞，而辉瑞一直在进行收购，那么该行业的其他所有公司都不得不追随辉瑞进行收购。

但实际情况是，还未等到分析人士将所有企业都赶到同一条道路上，当前的宠儿就会失宠，这种情况时有发生。另外，就制定战略而言，没有一条最佳路径，因为战略的本质是创造自己的道路。你创建自己的竞赛，冲向一个不同的终点，这是你选择的创造价值的方式。反观资本市场，其方式强化了"竞争就是要做最好"的心态，并将自己设定为"最佳实践"的仲裁者。

第三个层面是：市场内的经济行为往往更为倾向做短期交易而不是长期投资。人们短线买卖股票，试图在很短的时间内通过赚取少量的中间差价获利。但战略需要较长的时间才能奏效，企业需要在一段时间内进行一系列投资才能在市场上建立独特的地位。那二者之间的不匹配会产生什么后果呢？如果按照战略布局，需要花费数年时间才能获得一定的收益，而在资本市场获得同样的收益只需要短短几个月的时间，况且还不用理会交易后即可注销的无形资产。所以为什么不选择走捷径呢？因此企业相当偏爱做这类短期交易。如果放眼更大的层面，我们会发现，市场对近期业绩的重视与构建战略地位需要较长时间的投资之间存在不匹配。

过去的数几十年里，对股东价值的整体强调让企业管理者把注意力放在了错误的事情上，而他们本应该专注于长期可持续地创造经济价值。当然，资本市场更擅长推动运营有效性，向企业施加压力以提高效率和盈利能力，以及更好地利用资本，这些都是积极的影响。但是，毫无疑问，资本市场终会危及战略，即便这种影响是潜移默化的，而且大多数人还没有认识到。

2. 增长：机遇与陷阱并存

玛格丽塔： 资本市场向企业管理者施加压力，迫使企业增长。但是，您已经注意到这种压力会对战略产生不利的影响，那么，如何在不破坏战略的情况下实现增长呢？

波特： 这是一个大问题，增长的压力是对战略的最大威胁之一。我在这里指的是企业内部业务的增长，而不是多元化发展，后者同样对战略具有挑战性。很多时候，企业认为任何增长都是良好的增长，于是它们有做过头的倾向，它们会经常增加产品线、拓展细分市场或在新的地域开拓市场，但这样会模糊独特性，做出妥协，降低各项经济行为之间的协同契合性并最终削弱竞争优势。

> 增长的压力是对战略的最大威胁之一。

对此，我的建议是要专注于深化和扩展战略定位，而不是扩大并最终削弱战略。关于如何在不破坏战略的前提下实现有利润的增长，我谈几点看法。

首先，千万不要照搬其他企业的做法。企业总是面临生产新产品、提供新服务或吸纳潜在客户群体的机会，那么你应该如何对待这些机遇呢？我的建议是，如果你的竞争对手有一个好的想法，那么你就要从中学习，并思考这一创新举措能实现什么目的，而不是生搬硬套。要弄清如何对其进行调整和改变以巩固和加强你自己企业的战略。这一创新举措与你所服务的需求相关吗？它可以用于强化你的独特之处吗？当一个新趋势出现时，你不必每次都激流勇进。如果某一趋势与你的战略相关，那就根据你的战略进行调整。

其次，要深化你的战略定位，但不要扩大战略范围。企业通常可以通过在自己独具特色的领域更好地、更深入地满足客户及其需求，而不是在自己不具备独特性的有高增长潜力的领域挣扎，来实现更快的增长，获得更高的利润。因此，寻求增长的首要任务是要加强对核心客户的渗透。一个常见的错误是：企业本可以满足目标客户80%的需求，却止步于满足50%的需求。当你的目标客户不是整个行业的客户，而是你的战略最能满足的一系列客户和需求时，你才可以争取真正的领导地位。

深化战略使企业可以利用所有优势，并提高盈利能力。深化企业的战略定位有多种方式，包括使企业的经济行为更具特色、加强协同契合性以及向那些明显受益于企业独特业务的客户更好地传达企业战略。但是，如果企业在另外一个细分市场没有优势，那么即使想获得10%的份额通常也会损害企业的盈利能力。

最后，要有针对性地进行地域扩张。如果你已经在国内抓住了战略机遇，那么在世界其他区域找到这些机遇也总是有机会的。

玛格丽塔：关于开拓国外市场，您有什么建议吗？

波特：当你进入国外市场时，需要铭记于心的是：你并不是要为整个市场服务，而是要寻找那些重视你所做业务的细分市场。所以，当你进入西班牙市场时，不要试图按照西班牙企业既有的模式进行竞争，而是要寻找你的目标客户。初期，这些客户所占的市场份额可能比较小，但随着时间的流逝市场会发展起来。地域扩张的美妙之处在于，你可以采用相同的战略实现增长。正如你不必在本土市场中为你不能满足其需求的客户提供服务，你也不必在国外市场服务于你无法满足的客户。

但是，企业必须要注意保持战略的一致性，因为企业在进行地域扩张时往往会被新市场与既有市场之间的差异困住。其实，企业应该找到适合自己的目标市场，而不是试图适应新市场的所有差异而改变战略。

企业成功实现国际化的另外一个关键特征是必须要与客户直接接触。如果通过旁人的分销渠道接触客户，实现国际化就会很难。你永远不会了解客户的需求，你也永远无法与其他企业区分开来。如果其他人代销你的产品并听取客户的意见，你如何能拥有战略呢？

另外，企业在进行并购时要特别谨慎。如果你收购了一家西班牙企业，你从它那里听到的都是西班牙企业的工作方式。经济学家研究并购已经有20年了，他们发现卖方获得了并购的大部分的价值，而不是买方。因此，海外收购必须要围绕本企业的战略重新定位被并购的企业，而不是继续施行它之前的战略（当然，除非这家企业之前的战略更好）。

当然，如果企业操作得法，地域扩张的确可以成为利用战略、发展战略的有力方式。

玛格丽塔：如果刚才所述的这些增长方式都不可行，您会怎么做呢？

波特：这是一个很重要的问题，几乎没有企业管理者愿意面对它。有时，当你回顾一天的工作时，发现几乎没有什么机会可以凭借战略实现快速增长并增加盈利。尽管你在自己的领域拥有稳固的地位，但却没有什么好方法可以显著地拓展这一地位。在这种情况下，如果否认现实，并试图"点石成金"，那可就大错特错了。正确的做法是：你应该争取良好的投资回报率，向股东支付丰厚的股息或以其他方式回馈，并享受创造价值和财富的乐趣。

我认为更多的公司应该向股东支付更高的股息，而不是冒着巨大的风险试图超出其战略和行业结构的允许范围盲目地追求增长，这样反而容易招致失败。几年前，向股东支付股息的方式已经不再受欢迎，这成为管理团队缺乏想象力的信号，于是就出现了美国在线与时代华纳的合并以及许多其他破坏价值的增长计划和交易。其实，支付股息是有好处的，因为股息与经济价值保持一致。除非企业创造了经济价值，否则就无法支付股息，支付股息实际上表明你就如何竞争做出了明智的选择。

3. 战略与创新

玛格丽塔：如今，行业之间的界限似乎变化得非常快，那么企业所处的行业真的还重要吗？

波特：琼，对于这个问题，我的答案有两个。第一个答案是纯粹的经验之谈。当你查阅反映行业盈利能力的相关数据时，会发现各个行业的相对盈利能力的差异是相当持久的。你可以查看过去 5 年、10 年甚至 15 年的数据，这些行业按盈利能力的排序并没有发生太大变化。几十年来，航空业一直徘徊在榜单的最底部，而 IT 软件业一直高居榜单的前几名，这一排序相当稳定。所以数据告诉我们，行业差异的变化是相当缓慢的。

但是我们也知道，行业确实会经历结构性的变化，并且有时还会出现不连续性，这会改变行业结构和行业之间的界限，从而影响行业的盈利能力。这些情况确实时有发生，但这些只是例外情况而不是发展规律。另外，即使出现了这样的转变，这些转变也是慢慢发生的。在互联网所涉足的各个领域，它的确对一些行业的行业界限和结构带来了变革，但绝大多数行业都能够拥抱互联网并继续前行。尤其在维护、维修、运营分销等信息密集型行业，互联网的使用更为深入，但竞争者没有变化，行业基本结构也没有改变。

关于行业是否仍然重要的问题，我的第二个答案是：即使行业之间的界限发生变化，还是可以使用相同的工具分析这些变化的意义。因此，前述的五种力量仍然很重要。我们经历了放松管制、全球化和技术进步的历史时期，一些行业界限已经模糊或发生了变化，但这并不能改变每个行业均有着独特结构的事实，以及五种力量的独特组合决定了各个行业的竞争性质的事实。

你会看到一种或多种力量受到某些因素的显著影响，包括需求侧的变化、供给侧的改变、进入壁垒的时断时续等。因此，相同的分析工具还是随时都适用。如果你想了解哪些趋势会对你的行业产生重要影响，就要看这些趋势如何改变行业结构的某些基本面。

有些人认为行业结构不再重要，这些人很可能也会觉得每一项新技术或管理创新都具有"颠覆性"。对此，你必须审慎对待，因为实际数据根本不支持这种观点。

玛格丽塔：什么是颠覆性技术？您认为它对战略有什么影响呢？

波特：颠覆性技术的作用相当大，也备受瞩目，但它被严重地误用和误解了，现在很多人以为企业面临的任何一个竞争威胁都是来自颠覆性技术。我认为，对企业管理者而言，这一术语的使用应该少之又少，只有那些真正改变游戏规则的技术才能被称为"颠覆性技术"。

颠覆性技术并不是指任何新技术，因为很多新技术并不具有颠覆性；它也不是指任何重大的技术飞跃，因为许多技术飞跃并不具有破坏性。颠覆性技术是指使企业既有价值链的经济行为和产品配置无法发挥效用的技术，这种技术可以让一家企业显著超越另外一家企业，或者使得企业因现有资产的限制而难以跟上或响应形势。也就是说，颠覆性技术是指会使企业重要的竞争优势毫无用处的技术。

互联网技术就是一个经典案例。如果信息传递机制是企业提供产品或服务的基础，企业的业务本质就是信息传递，那么互联网技术就具有颠覆性，例如旅行社或唱片公司。但在其他情况下，互联网技术并不具有颠覆性，因为它只是另外一种与客户或供应商沟通的渠道而已。在这种情况下，拥有最佳产品和品牌的既有公司能够轻松地将新技术融入自己的业务中，这与它们正在做的任何业务活动都不矛盾。

　　什么样的技术才能被称为颠覆性技术？要回答这个问题，需要先回答另外两个问题。首先，这项技术在多大程度上能使重要的传统优势无法发挥作用？其次，既有企业在现有业务不受重大影响的情况下，可以在多大程度上采用该技术？如果你开始认真思考这两个问题，你会发现真正的颠覆性技术并不常见。例如，如果回顾过去10年间国民经济中的数百个行业，我猜只有5%～10%的行业会受到颠覆性技术的影响。

　　话虽如此，但企业管理者当然应该警惕潜在的颠覆性变化。他们得到的建议一般更倾向于只关注一种形式的颠覆性技术——经过改进后更为简单、成本更为低廉的技术，足以满足目前由更为复杂、更为昂贵的技术满足的需求。因此，大多数企业管理者都在担心来自实力不如自己的企业的威胁，来自那些被他们一直忽略、被认为与自己的业务无关的行业后起之秀的威胁。然后他们会惊恐地发现，对很多客户而言，这些新秀已经做得足够好。沿用价值主张的相关术语来表述就是：之前客户的需求被"旧"技术过度地服务，而新技术却以合适的价格恰到好处地满足了这些客户的需求。这种来自实力不如自己的企业的颠覆性技术证明了专门化战略的必要性。如果企业专注于服务那些务实且并不需要附加功能和服务的客户，那么就可以据此建立一个滩头阵地，然后再寻求进一步的发展。那些提供针对性的产品和服务、拥有颠覆性技术的企业可以进入你的行业，最终发展壮大并在行业中占据主要地位，西南航空就是一个例子。

其他形式的颠覆性技术也会对企业战略构成威胁。这一威胁可能来自实力强于自己的老牌企业。这些企业可能拥有先进的技术或更为丰富的方法，这些技术或方法能够以高水平运作，但是也可以被简化或精简，以更低的成本满足不太复杂的需求。我们没有确切的证据表明哪种形式的颠覆性技术更为普遍，但二者的确都存在。颠覆性技术所隐含的意义令人不可抗拒，但企业管理者也要严谨审慎地思考究竟是什么原因造成了这些技术的颠覆性。颠覆性技术如何影响价值链？它如何影响相对价格、相对成本？战略的基本要素在这里绝对适用。

> 颠覆性技术所隐含的意义令人不可抗拒，但企业管理者也要严谨审慎地思考究竟是什么原因造成了这些技术的颠覆性。

玛格丽塔："商业模式"这一术语得到了商业媒体的诸多关注，在日益兴起的创新型行业背景下尤为如此。那么商业模式等同于战略吗？

波特："商业模式"这一术语被广泛地使用，但它并没有确切的定义，和"战略"这一术语一样，对于不同的人，它有不同含义。但我认为这一概念在某些情况下是非常有用的。如果你正在创立一家企业并且还不确定是否可行以及如何进行运作，那么商业模式可以帮助你专注于思考最基本的问题：我们要如何赚钱？我们的成本如何？我们的收入从哪里来？我们如何盈利？企业获得收入和管理成本的方式各不相同，而商业模式视角可以帮助你探索这些领域。

但是商业模式并不能帮助你打造或评估竞争优势，而这是战略的真正目标。战略超越了基本的生存能力问题：我们能赚钱吗？它提出了一个更为复杂的课题：我们如何才能比竞争对手赚更多的钱？我们如何能获得更高的回报？另外，我们如何才能长期保持优势？商业模式突出了收入与成本之间的关系，而战略向前迈出了重要的一步：它着眼于相对价格和相对成本，以及它们的可持续性。也就是说，战略更为重视你的收入和成本与竞争对手的比对情况，然后将这些与价值链中的经济行为联系起来，最终与你的损益表和资产负债表挂钩。

因此，分析商业模式是思考企业生存能力最基本的步骤。如果企业仅仅满足于生存，那么就可以止步于此。但是，如果企业想获得卓越的盈利能力（或避免偏低的盈利能力）并长久地存续下来，那么我所定义的战略将带你进入更高的层次。

> 分析商业模式是思考企业生存能力最基本的步骤。如果企业仅仅满足于生存，那么就可以止步于此。但是，如果企业想获得卓越的盈利能力（或避免偏低的盈利能力）并长久地存续下来，那么我所定义的战略将带你进入更高的层次。

玛格丽塔：如果一位企业家希望在一个全新的市场上创立企业，要如何进行五力分析？当这一市场没有现有的行业，或者市场条件变化无常而没有明显的行业结构和直接竞争对手时，企业还需要战略吗？

波特：战略与任何组织在其发展轨迹中的任何阶段都息息相关。每个希望获得成功并蓬勃发展的组织都必须回答一个核心问题：如何发展并保持竞争优势。在新兴行业中，会进行一系列的试验，因为充满着众多的未知：产品最终会是什么样子？会形成什么样的分销系统？提供的产品或服务会形成一个独立的行业，还是会成为一个更大行业的一部分或仅仅是既有行业的一部分？

在一个新市场上，上述事物的形成的确存在更多的不确定性，但五力分析法的使用基本相同，只不过主要的不同之处在于：你不是分析既有力量，而是预测某些力量。在这种情况下，你可能对其中的四种力量知之甚详，但对最后一种力量缺乏了解。你了解目标客户，知道他们是否对价格敏感；你知道你的供应商是谁，或者可能是谁，了解他们会变得多么强大；你也知道哪些是替代产品并可以分辨哪些是可能的进入壁垒。在这个新市场上，你只是不知道谁是你真正的竞争对手，你需要思考哪些企业可能成为你的竞争对手。竞争对手最有可能来自相邻行业吗？或者是其他国家已经存在的企业？抑或是新成立的初创企业？这些竞争对手会如何竞争呢？综上所述，即使你正在开创一个新的市场空间，你对五种力量的了解也可能比你意识到的多。

进行这样的分析是非常重要的。因为如果你正在创造一些真正有价值的东西，那就不要自欺欺人地认为没有其他企业会效仿你。没有竞争的市场虽然听起来让人心情愉悦，但却是不存在的，以为只要有创新就可以忽略竞争的想法也只是掩耳盗铃罢了。因此，当新市场形成行业之际，你必须要对行业的布局有一个设想。

在早期，有很多条发展演变道路，而你也可以做出多种选择，这将对行业的吸引力产生重要影响。随着时间的流逝，你和其他人做出的决策会按照基本的经济规律发挥作用，从而降低行业结构的不稳定性。因此，在新市场，至关重要的是要看到行业的不同发展路径，并回答有关五种力量的基本问题，这样你才能做出选择，使行业走上最佳道路。

4. 特殊案例：没有吸引力的行业、发展中国家、非营利组织

玛格丽塔：如果你的行业没有吸引力怎么办？你是对行业的这五种力量束手无策，还是可以按照自己的意愿重塑它们？

波特：任何行业的结构都受到一些潜在经济因素的严重影响。航空业的真正利润杀手是较低的进入壁垒和较高的退出壁垒，这种情况极不寻常，是一种非常罕见的力量组合。因此，创办一家航空公司并不难，但是，如果公司倒闭，飞机并不会消失。飞机是我们所说的可替代资产，也就是说，它们可以由任何航空公司在任何时间用在几乎任何线路上。所以飞机的所有权是可以变更的，但在飞机真正退役之前，其运力永远不会离开市场。如果你经营一家航空公司，一旦购买了飞机、雇用了员工并制定了飞行时间表，那么其固定成本是巨大的，但可变成本却很低。因此，航空公司面临着提高飞机客座率的巨大压力，也面临着通过打折来实现这一目标的压力。

这些经济要素决定了行业的基本面，并在行业结构有所体现。如果采用更大的飞机会降低乘客人均运营成本，那么这会促使行业内的所有企业都投入更大的飞机，这就是基本的经济规律。有时，这一规律也的确会发生改变。试想，如果有人发明了一种不同类型的飞机引擎，降低了小型飞机的乘客人均运营成本，那么会出现什么情况呢？这将放松经济约束。当你拥有一项真正的颠覆性新技术时，就会出现这种情况。

但是行业结构的某些方面是由行业领导者做出的选择而决定的，这些选择会让你走上一条道路或另外一条道路。航空业没有任何规定要求全行业采取收益管理㊀，即没有规定航空公司要根据乘客购票时间对相同的座位设定不同的价格。尽管这似乎是一种提高客座率的巧妙方式，但实际上，这对航空业来说是一场灾难，因为这造成了永无休止的价格战，降低了行业的盈利能力。经过一段时间，顾客已经对如何购买最低价格的机票得心应手，旅游网站就可以帮助他们实现这一目标。航空业制造了一个吞噬利润的怪物。但是，收益管理是一种选择，它并不是行业经济规律带来的必然结果。因此，你必须要区分行业结构中哪些是行业固有的方面，哪些是因为你做出的选择而导致行业结构的改变，而你所做出的选择可能受到了行业领导者的影响。

现在你得跟上我的思路，因为这一点很微妙：如果你想改变行业结构，那么你就要引领整个行业朝着给定的方向前行。当你追求竞争优势时，你就是在努力做到独一无二；当你试图改变行业结构时，你希望其他人都追随你。

我们来了解一下美国西斯科公司（Sysco）是如何改变食品分销行业的。该行业的客户分散，但供应商通常是大品牌食品公司，卖家力量非常强大，另外，这一行业的进入壁垒很低。一直以来，行业都在进行价格战，因为分销商基本都在分销相同的产品，这是一个十分不利的行业结构。但是该行业的一些领导者想要改变这种局

㊀ 于航空业而言，收益管理指航空公司通过对价格细分以及座位数量投放的控制，最终实现航班收入的最大化。——译者注

面，例如西斯科公司，它开始销售自有品牌以削弱供应商的力量，还加大了对IT的投资，这相当于对那些无法负担这部分投资的小型分销商设置了进入壁垒。另外，它开始为客户提供增值服务，例如提供菜单、营养规划、库存管理和库存融资[⊖]。通过这些举措，行业竞争脱离了原来的价格战。在这种情况下，效仿是件好事。随着越来越多的企业效仿西斯科公司，该行业变得更具吸引力。

玛格丽塔：对于在发展中国家运营的企业，战略重要吗？同样的战略原理是否也适用？

波特：通常情况下，在发展中国家运营的企业其生产要素成本（例如劳动力成本）比较低。因此，即使它们的运营有效性低、产品也缺乏特色，但是它们还是可以与国外的竞争对手抗衡一段时间。但是，生产要素成本的优势往往会随着时间的流逝而减弱，最终，发展中国家的企业还是需要解决运营有效性和产品特色这两个问题。

首先，这些企业必须缩小在运营有效性方面的差距。它们必须克服劳动力技能水平、技术水平和管理能力方面的不足。另外，如果企业面临的商业环境布满荆棘，例如基础设施薄弱、法律法规复杂等，那么，要想达到世界一流的运营有效性标准并实现成本和质量的提升的确是一项挑战。

其次，它们必须开始制定真正的战略。因为，最终这些企业将不得不与跨国公司竞争，而它们很难在运营有效性上超越这些跨国

⊖ 库存融资是利用企业的消费品库存作为获得贷款、预付款或循环信贷额度的一种策略。——译者注

公司。总部位于危地马拉的咔贝乐（Pollo Campero）将此铭记于心。这家连锁快餐在中美洲快餐市场上与麦当劳、汉堡王和必胜客等快餐巨头竞争起来也毫不逊色，因为它通过调整其价值主张并定制价值链，更好地满足了中美洲当地市场的需求。另外，它还采取了下一步行动，扩大业务范围以满足在美国不断增长的西班牙裔市场的需求。

发展中国家的企业最终必须要从被动转为主动，摒弃机会主义转而走向依托战略的发展道路，要专注于建立独特的战略地位，在市场上开发特色产品，提供特色服务。这意味着企业要转移重点，这样就不只是依靠成本优势，还要考虑如何创造价值，尤其是要在市场上创造出独特的价值。

地理范围的确是个问题。如果你查阅土耳其的数据，就会发现尽管土耳其的企业还在不断增长，但是它们仍然过于本土化，也就是说过于专注于本国的市场。企业的未来是要走向国际化，而这通常是从着眼于区域经济体市场开始的。这就为本地企业提供了一个巨大的机会，它们占据了独特的位置，可以服务于区域经济体市场。

我在发展中国家和新兴经济体中发现的问题是：人们往往过于关注欧洲和美国，实际上却忽略了在自己所在区域的销售机会。以往这种做法是不可行的，因为之前每个国家都受到保护，这些区域是封闭的，所以企业的唯一销售途径就是将产品出口到发达经济体。但现在这种情况正在发生变化。对处于其中的企业而言，现在确实是一个开始走向国际化的历史性的机会，因为它们不必只关注发达经济体的市场，还可以开发区域市场。

我还发现了另外一个问题，就是企业往往追求多元化，在众多毫不相关的业务领域竞争。我认为，企业应该认识到什么时候该将这种多元化模式束之高阁，并要更多地关注各项业务之间的关系，如此，可以将互相补充、互相增益的业务组合在一起，增强企业的竞争优势，使自身的战略地位更加独特。如果新兴经济体的企业希望最终实现其全部潜力，那么就需要进行这一重要转变。必须改变的不是人的素质，而是心态，是对如何开展业务的思考方式，简而言之，就是要转变为战略思维。

玛格丽塔：非营利组织需要战略吗？非营利组织非常注重筹措资金、完成使命以及服务客户，但它们在战略上并没有花太多时间。那么非营利组织应该有战略吗？如果需要，它们的战略又是什么？

波特：对服务客户或满足需求的任何类型的组织而言，战略都是非常必要的。一个组织如果要制定一个好的战略，首先必须要确立一个合适的目标。企业的基本目标是要实现卓越的长期投资回报，围绕这一目标的业绩可以说明企业是否创造了价值。对于非营利组织，由于没有直接的衡量指标，因此必须要创建一个标准。每个非营利组织都面临着一个巨大挑战，那就是要根据它所创造的社会效益来确定自己的目标，然后，它必须制定一个价值衡量标准，对所取得的成果与投入的成本进行比对。

一旦非营利组织明确了自己的目标，那么其他各项战略原则对它也都适用。你服务的"客户"是谁？你提供的独特价值是什么？你会满足什么需求？你应该如何量身定制价值链以最好地满足这些需求？你是否对各个方案进行取舍？你知道你的组织不做的事情是什么吗？

实际上，非营利组织的管理者往往更难进行取舍。如果没有清晰明确的价值衡量标准，那么你很容易会认为做的几乎所有的事情都是好的。另外，由于资助者通常不是客户，这可能会导致资金和创造价值之间的错位。企业向客户提供服务或产品并从客户那里取得报酬，这是以创造价值为导向的，而非营利组织却缺乏这一导向。事实上，资助者往往还会导致非营利组织不够专注。当资助者更愿意支持新计划和新项目，而不愿意提供运营资金以帮助组织深化其既有业务时，非营利组织就容易出现"任务蔓延"。这是很多非营利组织共同面临的战略性挑战。

> 实际上，非营利组织的管理者往往更难进行取舍。

5. 组织的引领

玛格丽塔：您对战略规划过程有什么建议呢？

波特：人们经常问我战略思考和战略规划之间是否有区别，我的回答是：战略规划应该是一个进行战略思考的过程，但它往往会变成一个耗时的仪式，根本无法促进战略思考。

> 战略规划往往会变成一个耗时的仪式，根本无法促进战略思考。

我认为成功的战略规划有几个关键之处。首先，要组织负责企业各项业务的管理团队共同制定战略规划。分工完成、最后拼凑整合这种方式在这里是行不通的，因为战略关乎的是整个企业，不是孤立的各个单项业务，这是制定优秀战略必须遵守的基本原则。例如，一个与其他业务毫不相关的营销战略不可能是优秀的，因为只有满足整体战略的营销战略才是好的营销战略。如果让职能部门的人员制定各自的战略规划是会出问题的，因为最终你会得到各个部门按照各自情况制定的"最佳实践"，但是它们之间毫无关联，无法形成一个连贯一致的战略。这就是为什么一个战略规划需要管理团队的所有成员共同思考行业状况、竞争对手、面临的机遇和价值链等，然后做出有关定位和发展方向的决策。随后，团队再制定具体的行动方案。

我认为，企业有一个正式的战略规划过程是有益的，否则日常的业务压力会使得企业偏离既定的战略。每年或每两年企业应安排一次战略规划，并在每个季度末进行回顾。但是，这绝不仅仅是简单地做预算并预测明年的增长率。战略规划需要促进战略思考而不是摒弃战略思考。

玛格丽塔：如何让组织中的所有人都达成共识、意见一致？

波特：向组织的所有人传达战略是至关重要的。如果战略是秘密，组织中的其他人谁也不知道战略是什么，那么战略就毫无用处。战略的目的是协调组织里每个人的行为，并帮助他们在没有其他人指导或协商的情况下做出明智的选择。这些选择每天都在发生：销售人员要决定拜访哪些客户以及推销哪些产品，产品开发人员要考虑研究什么新点子。人们每天都在做各种选择。如果你希望他们做出的选择符合组织的战略，那么你就必须要让他们知道你的战略是什么。

如何向组织里的人员传达战略呢？你必须得找到一种简洁有效的方式解释战略，而且要令人印象深刻。真正优秀的领导者会将价值主张具体化，让人一听就懂，他们会向组织中的每个部门诠释价值主张对每项经济行为的指导意义。优秀的领导者是战略导师，因为他们一直在向他人传授有关战略的知识。他们会时不时地提及组织的战略，每次开会时都要先重申组织价值主张的本质是什么，然后再进行会议的相关议程。这些领导者与员工的对话也总是从一系列与战略有关的问题开始，这些问题包括：我们作为一家企业代表什么？是什么让我们与众不同？我们的独特性体现在哪些方面？接着再继续其他方面的谈话。你要不断地重复企业的战略，也要鼓励你的直系下属也采取同样的方式传达战略。如果你是企业的总经理，参加一些你的直系下属主持的此类会议，听听他们是如何向其他人传达战略的，这样才能确保所有人真正地理解企业的战略。

我见过有太多组织的人员对战略的理解比较肤浅，他们也没有对战略形成真正的共识。尽管组织内的所有人大致可以对战略的制高点达成一致，但是涉及细节时，就会发现他们其实并不理解也不认同组织的战略，所以他们的行为相互冲突。因此，你必须要创造机会，真正了解人们的思维方式并直面这些问题。

另外，我认为，你还应该将组织的战略传达给你的客户、供应商、销售渠道和资本市场。你必须帮助资本市场了解你会如何创造卓越的业绩，以及应该采用哪些指标评估你的优势和战略推进情况。不能认为资本分析师会摸清楚这些情况，你必须得告诉他们。

如果竞争对手听到你关于企业战略的演讲，那就更好了，原因很简单：如果你的战略有明确的选择和取舍，你的竞争对手越是知道你会全力以赴执行你的战略，他们就越有可能做出不一样的选择，以避免在这个不可能获胜的领域与你正面竞争。归根结底，我认为只有通过广泛地传达战略，才能让所有人都理解战略。当然，你不一定要告诉竞争对手你要购买哪台机器、何时会推出新产品等具体细节，因为竞争对手可能会据此制造麻烦。但是对你所选择的基本发展方向，对手无论如何都会发现的，所以你不妨自己亲自传达。

最后，如果有些人不接受企业的战略，拒绝同乘一条船，那么他们就无法在企业继续发挥作用——这是他们必须要离开公司的礼貌说法。企业管理者内部不能长时间地争辩战略，因为在这种情况下，即使管理团队很积极，也很难顺利地实施战略。我知道很多案例，企业高管让那些持不同意见者继续留在公司里，结果他们带来了负能量、管理混乱并浪费了时间，这些实实在在地损害了战略。人们持不同的意见是正常的，应该给那些企业管理者一个机会阐述他们的观点并改变想法，但讨论总要有结束的时候，这与民主、共识或让所有人其乐融融无关。从根本上说，战略就是要选择一个方向，然后让每个人都为之兴奋。

波特术语录：阐述关键概念

经济行为（activities） 分散的经济过程，例如管理销售队伍、开发产品或向客户交付产品。经济行为通常涉及人员、技术、固定资产，有时还包括营运资本和各种类型的信息。企业开展的经济行为是竞争优势的基本单位，因为只有通过这些经济行为，才能产生相对成本，才能为客户提供差异化的产品或服务。

进入壁垒（barriers to entry） 新进入者要进入一个行业必须克服的障碍。较低的进入壁垒（即行业容易进入）降低了行业的平均盈利能力。新进入者的威胁是波特提出的五种力量之一。

效仿壁垒（barriers to imitation） 行业内的竞争对手试图复制其他企业战略而改变自身定位时所面临的障碍。效仿壁垒减缓了竞争趋同的进程。

集群（clusters） 指的是企业、供应商、相关行业和专业机构（如学术机构）集中在一定的区域，例如影视圣地好莱坞、高科技产业区硅谷、钻石加工中心印度的苏拉特。集群在竞争中发挥着非常重要的作用，因为企业的生产力会受到周边环境的影响，包括其他企业、机构和周遭的基础设施等。如果本地的供应商可以提供及时有效的服务，那么企业的效率就会更高。集群有效地利用了本地资产和地方机构，例如公共教育、基础设施、清洁水、公平竞争的法律、质量标准和政策透明度等。集群是所有成功的和增长中的经济体的显著特征，也是竞争力、创业精神和新业务增长的关键驱动力。关于集群的更多内容，请参见波特在 2008 年出版的著作《竞争论》中"集群和竞争"部分的论述。

竞争（competition） 通常是指竞争对手之间的角逐较量，但对波特而言，该定义过于狭隘。他认为，竞争是争夺利润的拉锯战，不仅发生在各个竞争对手之间，也发生在企业与其客户、供应商、替代产品生产商和潜在新进入者之间。

竞争优势（competitive advantage） 通常表示"我们认为自己擅长的领域"，例如"我们的竞争优势是技术"，有时它的使用更为随意，如"我们的竞争优势是以人为本"。波特对竞争优势的定义与竞争的经济层面密切相关：如果你的盈利能力持续地高于竞争对手，那么你就具有竞争优势。接下来，你可以进一步深入了解这种优势是来自更高的价格、更低的成本，还是二者兼而有之。这些相对价格或相对成本的差异是由于所施行的经济行为的差异而产生的。

竞争趋同（competitive convergence） 这是当企业竞相效仿或追随其他企业的举措，当所有企业都争做最好时，会发生的事情。随着时间的流逝，竞争对手之间一个又一个的不同之处消失殆尽。当竞争对手纷纷围绕标准提供产品或服务时，顾客就只能按照价格进行比选。主流经济学一直强调这种"完美的"竞争方式降低了产品的价格，可以使顾客受益。但波特对此持不同看法，他认为竞争趋同实际上会损害客户的利益，因为这限制了他们的选择范围。

国家竞争力与地区竞争力（competitiveness（of a nation, a location）） 该术语通常用于描述那些劳动力成本较低或具有其他传统比较优势（例如拥有宝贵的自然资源）的国家或地区。但波特认为，现在这些传统的低成本投入和比较优势远远没有以往那么重要了，而是应该按照一个地区使用人力、自然资源以及资本的效率来确定该地区的竞争力。换句话说，他认为，一个地区的竞争力是源于它如何有效地**利用**投入要素生产有价值的产品和服务，而不是看它**拥有**多少投入要素。简言之，地区竞争力源自做出的选择，而非拥有的资源。此外，波特认为，特定地区的生产力和繁荣程度并不取决于各个企业在哪些行业竞争，而是取决于它们如何竞争。地区的政策制定者和企业高管通过他们的选择创造了特定的商业环境，影响企业的竞争方式，从而影响它们的竞争力。关于这一主题，详见2008年波特出版的著作《竞争论》中"国家的竞争优势"部分的论述。

竞争对手分析（competitor analysis） 指的是通过评估竞争对手的意图和能力以帮助企业应对竞争动态所进行的情报收集和相关分析工作。有关此主题的更多内容，详见波特于1980年出版的著作《竞争战略》第3章的论述。

持续性（continuity） 波特用这一术语指代核心价值主张的稳定性，这是他认为优秀战略必须通过的第五项测试。战略是一条道路，而不是终点。企业可以在这条道路上持续前行，而不是停滞不前——有些人以为战略在某种程度上是静态的、不允许被改变的，这是一个误区。另外，无论是根据价值主张量身定制价值链，还是拓展取舍，抑或是实现各项经济行为的协同契合性，这些战略要素都需要一定的时间才能实现。如果企业不能保持战略方向的持续性，就无法打造并深化其竞争优势。

企业战略（corporate strategy） 指的是企业对所涉足多个行业的多元化业务的总体战略，与竞争战略不同。由于企业是在各个业务层面获得或失去竞争优势的，因此企业战略的目标应该是增强其多项业务的竞争优势。但是，由于企业凌驾于业务单元之上，是决策和控制权力的中心，但领导层又不在具体的业务部门工作，因此在实践中往往做不到这一点，会出现马车拉马的现象，影响了企业各项业务的协同性。有关这一主题的更多内容，请参阅波特在2008年出版的著作《竞争论》中"从竞争优势到企业战略"部分的论述。

成本驱动因素（cost driver） 即影响成本的因素。分析企业的成本状况时，要审视各个经济行为，分析它们会受到哪些因素的影响。波特1985年出版的著作《竞争优势》一书有一章（长达50页）专门讨论这一重要主题。

钻石理论（diamond theory） 这是波特提出的一个主要分析框架，解释了为什么某些国家和地区能在某一特定行业比其他国家和地区取得更大的经济成就，本书并未涵盖这一理论。比较优势理论将一个地区的成功归因于其低成本的劳动力市场或拥有宝贵的自然资源。相比之下，波特强调竞争优势的作用，竞争优势是通过更高的生产力和创新力实现的。根据钻石理论，如果地方环境最具有前瞻性、动态性和挑战性，这些地区就会实现更高的生产力和创新力。关于这一理论，详见1990年波特出版的著作《国家竞争优势》。

差异化（differentiation） 该术语通常用来表示"不同"这一概念。在营销中，差异化用于描述一种产品相对于其他产品的定位（例如，该产品是否质量更好或功能更强大，或者价格更为低廉）。波特对于这一术语的使用更有限制性，他认为差异化指的是一家企业收取比其竞争对手更高的相对价格的能力，因为它提供的产品或服务提高了客户的支付意愿。波特倾向于这一更有限制性但更加精确的定义，因为他认为不混淆价格和成本这两个竞争优势的要素是至关重要的。

多元化（diversification） 指的是企业拓展到不同的业务领域。波特对多元化的思考是建立在价值链和价值链各环节的经济行为上的。他经常注意到，定义模糊的核心竞争力往往为发展多元化业务提供了基本依据，而事实证明，这些拓展的新业务往往与企业固有的业务并不相关。多元化面临的挑战是确定企业的哪些经济行为或经济行为体系可以与新拓展的业务共享，或者找到某些业务领域，可以将企业管理特定经济行为的专有技能迁移过去，通过这些方式可以更好地利用企业宝贵的资源或能力。有关多元化的更多内容，详见2008年波特出版的著作《竞争论》中"从竞争优势到企业战略"部分的论述。

执行力（execution） 参见"运营有效性"。

协同契合性（fit） 即一项经济行为的价值或成本受到施行其他经济行为方式的影响，这是优秀战略必须通过的五项基本测试之一。协同契合性可以通过降低成本或创造独特的价值提高客户支付的意愿来放大竞争优势。它还增强了战略的可持续性，使竞争对手更难理解并复制战略的复杂经济行为体系。

五力分析（five forces） 波特提出的通过分析行业结构评估行业

竞争的重要理论框架。该框架解释了为什么不同行业之间会在盈利能力上存在巨大且持续的差异。五力分析是思考战略的第一步，它考虑的是如何将这五种力量转移到对企业有利的方向，以及在哪里可以建立独特的定位。关于该框架及其广泛应用，详见 2008 年波特出版的著作《竞争论》中"塑造战略的五种竞争力量"和"战略与互联网"两部分的论述。

框架（frameworks） 波特用这一术语将他的分析方法与正式的经济模型区分开来。正式的模型只能反映可以用数学公式表示和推导出来的竞争特征，它需要严格限制可以考虑在内的变量的数量。波特的框架认为，竞争是非常复杂的，因此无法严谨地按照数学公式建模计算；而框架更像是一个专家系统，可以帮助企业考虑竞争的相关维度。

通用战略（generic strategies） 波特对战略定位的关键主题的宽泛分类。专门化战略是指企业限制服务的客户和满足的需求的范围，差异化战略可以让公司维持较高的定价，成本领先战略能使企业以较低的相对价格参与竞争。通用战略是波特在 1980 年出版的《竞争战略》中首次提出来的一个开创性概念，从那时起它就被企业管理者广泛接受。有效的战略通常以独特的方式整合多个战略类型。例如，企业既可以在某些方面实现差异化又可以保持低成本，只要这种差异化价值与低成本不矛盾。参见"陷入两难"。

地理范围（geographic scope） 对战略而言，正确划定企业所处行业的地理范围至关重要。你的业务是全球性的还是全国性的？是区域性的还是本地的？如果五种力量存在着显著差异，那么就表明你可能正处于不同的行业。波特指出，有一种趋势是，即使一个国家或地区与另一个国家或地区的行业结构存在显著差异，需要施行不同战略，但很多企业还是倾向于将这一行业定义为全球性的。详见波特在 2008 年出版的《竞争论》中"跨地区竞争：通过全球战略增强竞争优势"部分的论述。

全球战略、全球化（global strategy，globalization） 参见"地理范围"。

行业结构（industry structure） 一个行业基本的经济和技术特征，塑造了企业必须制定战略的竞争领域。分析行业结构是了解竞争环境和行业盈利潜力的起点。参见"五力分析"。

运营有效性（operational effectiveness，OE） 通常也被企业管理者称为"最佳实践"或"执行力"，是一个概括性术语。波特在表达企业拥有比竞争对手更好的执行相同或类似的经济行为的能力时会使用这一术语。运营有效性包括多种实践，这些实践使企业能够从其使用的资源中获得更多收益。每个功能领域都有其当前的最佳实践：让工厂运作的最佳方式、培训销售人员的最佳方式，等等。运营有效性的差异是普遍存在的，运营有效性的差异也是造成企业相对盈利能力差异的部分原因。运营有效性是实现卓越执行力的关键，对于企业业绩至关重要，但是与战略不同。有关运营有效性的更多内容，请参阅波特在 2008 年出版的著作《竞争论》中"什么是战略？"部分的论述。

外包（outsourcing） 即从第三方购买你的组织曾经在内部执行的经济行为。目前人们普遍接受的观点是，要保留那些核心的经济行为并将其余经济行为外包。波特提供了一个不同的决策依据，也就是将外包与竞争优势的经济层面直接联系起来：保留那些根据或可能根据你的战略量身定制的功能，并将那些真正通用的功能外包出去，因为通用的功能几乎无法按照战略的要求被调整或更改。

波特假说（Porter hypothesis） 波特认为，企业造成污染通常标志着经济上的浪费，例如资源使用效率低下、能源浪费、丢弃有价值的原材料等，波特的这一论断被环境界命名为"波特假说"。他的观点是，企业提高环境绩效通常会提高生产力，并且在某些情况下甚至可以抵消提高环境绩效的成本。因此，企业不应将改善环境视为应付环境监管的不得已的措施，而应将其视为提高生产力和竞争力的重要组成部分。波特认为，智慧的环境监管可以鼓励企业创新产品和流程。关于这一假说的更多内容，参见 2008 年波特出版的著作《竞争论》中收录的他与克拉斯·范德林德共同撰写的文章《绿色竞争力：解开僵局》。

定位（positioning） 企业针对某些与之相关的特定的行业竞争对手而选择的价值主张。发现优秀的战略意味着找到一个独特的定位，即企业希望在所处行业中占据的"位置"。

相对买家价值（relative buyer value） 与其他产品或服务相比，客户愿意为某个商品或某项服务支付的费用。

相对成本（relative cost） 相对于竞争对手的单位成本。企业的相对成本优势可以来自两个方面：更高效地施行某些相同的经济行为（"竞争就是要做最好"，或围绕运营有效性的竞争）或者选择施行不同的经济行为（"竞争就是要争独特"）。

相对价格（relative price） 相对于竞争对手的单位价格。企业的相对价格优势来自创造买方价值的差异化，用更通俗的话来说就是，来自生产出让客户愿意支付更高价格的独特产品。

资本回报率（return on invested capital，ROIC） 衡量企业的利润与投入资本的一种财务指标。波特认为这是衡量企业是否成功的最佳财务指标，因为它可以反映企业是否有效地利用其资源创造经济价值。

战略竞争（strategic competition） 波特用这一术语来表示正和竞争，在这种竞争中，企业通过为客户创造独特的价值制胜（并实现卓越的盈利）。这是一种双赢的竞争形式，因为企业和客户均能从中受益。

战略（strategy） 通常是指某一重要的目标或倡议，例如"我们的战略是成为行业第一"或"我们的战略是通过收购实现增长"。波特对战略的定义为：组织在面对竞争时为了实现卓越业绩而做出的一系列综合选择。战略不是目标（比如要成为业界第一），也不是具体的行动（比如要进行收购）。战略是你选择的定位，引领你实现目标，而行动是实现定位的途径。此外，当波特定义战略时，他实际是在说明什么构成了优秀的战略，优秀的战略可以使企业的资本回报率高于行业的平均水平。

陷入两难（stuck in the middle） 波特的这个短语很快就被收录到战略词典中，用以描述企业拒绝取舍、试图为所有客户提供一切服务时陷入的战略陷阱。当企业试图提供不一致的价值类型时，就会无法像专注型竞争对手那样高效（这类竞争对手乐于调整其经济行为以实现独特的价值）。

替代产品（substitute） 客户可能会选择另一个类别的产品来替代

你的产品，因为它可以满足相同的需求。例如，令传统钟表制造商无可奈何的是，手机正在成为手表的替代产品，尤其是对年轻一代而言。替代产品的威胁是五种力量之一。

SWOT 分析（SWOT analysis） 20 世纪 60 年代开发的一个简单且被广泛使用的工具，在企业的战略规划会议中经常被用来组织讨论。它要求企业管理者列出企业的优势（strengths）、劣势（weaknesses）、机会（opportunities）和威胁（threats）（SWOT 是这四个英文单词的首字母组合）。SWOT 分析试图将企业与其环境联系起来，但是这一工具通常缺乏分析和客观性，其提出时间早于波特的理论。

量身定制的价值链（tailored value chain） 波特用"量身定制"这个词来指为了实现特定的价值主张而制定的经济行为。量身定制的经济行为与通用的经济行为截然不同。量身定制的价值链是波特对战略的第二项测试。

取舍（trade-offs） 当企业不得不在不一致的战略定位之间做出选择时，就会发生取舍。这些取舍会导致竞争对手之间在成本和价值上的差异，因此是战略的经济关键。取舍是衡量优秀战略的五项测试之一，它会造成成本和价格的差异，从而让某些企业形成竞争优势。取舍也让那些已经做出不同选择的竞争对手很难在不损害自己战略的前提下效仿其他企业。因此，取舍阻止了现有竞争对手的效仿，使企业自身的竞争优势具有可持续性。

价值链（value chain） 企业在创造、生产、销售和提供产品或服务等方面进行的各项经济行为的集合。它是理解竞争优势的基本工具，因为所有的成本和差异化都是由价值链上各个环节的经济行为创造或产生的。

价值创造（value creation） 组织将投入要素转化为价值大于投入总和的商品和服务的过程。无论是对为创造经济价值而存在的企业，还是对以最高效率满足特定社会需求而存在的非营利组织，价值创造都是卓越业绩的最终来源。战略就是一个组织选择如何为其选定的客户创造独特的价值。

价值主张（value proposition） 战略的核心，它确定了企业为其客户创造的价值类型。价值主张回答了三个问题：你将服务哪些客户？你要满足哪些需求？你会制定什么水平的相对价格？独特的价值主张是对战略的第一项测试。

价值体系（value system） 为终端用户创造价值所涉及的全部经济行为。企业的价值链通常只是一个更大的价值体系的一部分，该体系可能包括上游企业（供应商）或下游企业（分销渠道），抑或二者兼而有之。这种关于如何创造价值的观点迫使企业要考虑这一过程中的每一项经济行为，但不用理会是谁施行了这些经济行为。另外，价值体系可以让企业认清每项经济行为不仅产生成本，还是为产品或服务增值的必要步骤。因此，在考虑你自己的价值链时，重要的是要了解你的经济行为与供应商、分销渠道和客户的经济行为之间是如何相互联系的。

零和竞争（zero-sum competition） 有赢必有输的竞争模式，即使输家可能是企业的客户或供应商。例如，波特对美国的医疗保险业的竞争是这样描述的："各方都要将成本转移给他人以降低自身成本。医生迫于压力，要通过缩短与患者相处的时间以提高工作效率。医生通过与医院达成更好的协议而获利……医院通过合并来获得更大的议价能力……医保方案通过限制对病患的服务并强迫医生接受较低的工资而赢利。通过这些方式，体系中的每个参与者都不是通过为患者创造更多的价值而获利，而是试图通过从其他人那里夺取价值来获利。"关于这部分内容，见 2007 年波特与伊丽莎白·特斯伯格在《美国医学会杂志》（*JAMA*）第 297 卷第 10 期中共同发表的文章《医生如何改变医疗保险业的未来》。

注释和资料来源

如果读者希望看到波特的著作、演讲及访谈的详尽参考文献，请参见战略与竞争力研究所的网站。另外，我在术语录中引用了若干波特出版的作品，可以帮助读者寻求感兴趣的特定主题。

导言

2010年秋天，波特在与我的一次私人谈话中描述了他在20世纪70年代所面临的学术鸿沟。他对自己的框架起源的描述参见M. E. Porter, N. Argyres, and A. M. McGahan, "An Interview with Michael Porter," *Academy of Management Executive* 16, no. 2（2002）: 43-52。

第一章 竞争：要有正确的思维

为机场候机厅提供座椅的案例源于 Daniel Michaels, "Hot Seat: Airport Furniture Designers Battle for Glory," *Wall Street Journal*, May 17, 2010。酒店床具大战的案例则来自 Christopher Elliott, "Détente in the Hotel Bed Wars," *New York Times*, January 31, 2006。同时，请参见 Youngme Moon, "The Hotel Bed Wars," Case 9-509-059（Boston: Harvard Business School, 2009）。

第二章　五种力量：为利润而竞争

本章借鉴并引用波特的文章 The Five Competitive Forces That Shape Strategy，转载于 On Competition, Updated and Expanded Edition（Boston: Harvard Business School Publishing, 2008）。

水泥行业中市场力量的例子来自 Peter Fritsch, "Hard Profits: A Cement Titan in Mexico Thrives by Selling to Poor," *Wall Street Journal*, April 22, 2002。另见 Pankaj Ghemawat, "The Globalization of CEMEX," Case 9-701-017（Boston: Harvard Business School, 2004）。

持有执照的机械师才能负责"接收和发送"这项职责的规定请参见 Micheline Maynard, "More Than Money Is at Stake in Votes by Airline Unions," *New York Times*, April 29, 2003。

如果读者想了解极其深入且缜密的五力分析示例，请参阅战略与竞争力研究所网站上关于航空业的文章。至于特定行业的分析，请参阅 Jan Rivkin and Ann Cullen, "Finding Information for Industry Analysis," Note 9-708-481（Boston: Harvard Business School, 2010）。

第三章　竞争优势：价值链与损益表

在本章中，我引用了美国西南航空公司前首席执行官对于盈利的见解，出自 Kevin and Jackie Freiberg, *Nuts! Southwest Airlines' Crazy Recipe for Business and Personal Success*（Austin, TX: Bard Press, 1996），49。该著作对西南航空早期历史的描述引人入胜且富有洞察力，我在后面的章节中再次引用了其中的内容。

我的价值链模板是波特经典图表的简化版。原版请参见 *Competitive*

Advantage: Creating and Sustaining Superior Performance（New York: Free Press, 1985）的第二章和 How Information Gives You Competitive Advantage（转载于 *On Competition*，2008）。关于如何使用价值链分析，请参阅 Porter and Robert S. Kaplan,"How to Solve the Cost Crisis in Health Care," *Harvard Business Review*, September 2011。

我第一次了解到旋风轮椅是在美国公共电视台前线频道播出的世界纪录片《变革之轮》中，该纪录片由 Marjorie McAfee 和 Victoria Gamburg 制作，Marjorie McAfee 报道。2011 年 4 月，我与旋风国际的执行董事 Marc Krizack 进行了一系列深入交流，他向我阐述了他对组织的宝贵见解。

如果读者想从相对成本、成本驱动因素和支付意愿等方面分析竞争优势，以下三本著作非常值得阅读：

- Pankaj Ghemawat and Jan W. Rivkin, "Creating Competitive Advantage," Note 9-798-062（Boston: Harvard Business School, 2006）.
- Hanna Halaburda and Jan W. Rivkin, "Analyzing Relative Costs," Note 9-708-462（Boston: Harvard Business School, 2009）.
- Tarun Khanna and Jan Rivkin, "Math for Strategists," Note 9-705-433（Boston: Harvard Business School, 2005）.

关于戴尔、本田以及嘉信理财的案例，请参见我的个人著作 *What Management Is: How It Works and Why It's Everyone's Business*（New York: Free Press, 2002）。

诺玛科公司合成软木塞的例子请参见 Timothy Aeppel,"Show

Stopper: How Plastic Popped the Cork Monopoly," *Wall Street Journal*, May 1, 2010。

波特反对将运营有效性与战略混淆，请参见 What Is Strategy?，转载于 *On Competition*（2008）。

有关日本竞争问题的分析，请参见 Michael E. Porter, Hirotaka Takeuchi, and Mariko Sakakibara, *Can Japan Compete?*（Cambridge, MA: Perseus Publishing, 2000）。

第四章　战略的核心：创造价值

本章引用的波特思想、概念以及他对西南航空的分析，来自 What Is Strategy? 一文，转载于 *On Competition*（2008）。价值主张图表来源于波特尚未发表的演讲稿。

西南航空的早期定价和扩张案例来自 *Nuts!*，前面引用过。

沃尔玛、企业租车、西南航空和阿拉文德眼科医院的案例可参见我撰写的 *What Management Is*（2002），沃尔玛的例子也可参见我的另外一篇文章"Why Business Models Matter"，*Harvard Business Review*, May 2002。

如果读者对阿拉文德眼科医院的例子感兴趣，请参考 V. Kasturi Rangan, "The Aravind Eye Hospital, Madurai, India: In Service for Sight," Case 9-593-098（Boston: Harvard Business School, 2009）。

前进保险公司的案例请参见 John Wells, Marina Lutova, and Ilan Sender, "The Progressive Corporation," Case 9-707-433（Boston: Harvard Business School, 2008）。

有关企业租车的案例请参见 Carol Loomis, "The Big Surprise Is Enterprise," *Fortune*, July 14, 2006，这是一篇好文章。

爱德华·琼斯金融服务公司的案例请参见 David J. Collis and Michael G. Rukstad, "Can You Say What Your Strategy Is?" *Harvard Business Review*, April 2008，以及 David J. Collis and Troy Smith, "Edward Jones in 2006: Confronting Success," Case 9-707-497（Boston: Harvard Business School, 2009）。

格雷斯制造公司的故事请参见 John T. Edge, "How the Microplane Grater Escaped the Garage," *New York Times*, January 11, 2011。

第五章　战略的关键：适当取舍

本章借鉴了波特战略与竞争力研究所的毕业生 Andrew Funderburk 对麦当劳、英国航空公司子公司高飞航空、家得宝和劳氏的研究成果，这些研究尚未发表。另见 Stephanie Clifford, "Revamping, Home Depot Woos Women," *New York Times*, January 28, 2011。

波特对宜家家居的分析来自 What Is Strategy?，转载于 *On Competition*（2008）。关于人们更为珍视自己打造的物品的研究，请参见 Michael I. Norton, Daniel Mochon, and Dan Ariely, "The 'IKEA Effect': When Labor Leads to Love," working paper 11-091, Harvard Business School, Boston, 2011。

我是从 Youngme Moon 的 *Different: Escaping the Competitive Herd*（New York: Crown Business, 2010）第一次了解到 In-N-Out 汉堡的。该公司的历史请参见 Stacy Perman, *In-N-Out Burger: A Behind-the-*

Counter Look at the Fast-Food Chain That Breaks All the Rules（New York: Harper Collins, 2009）。

第六章　战略的拓展：协同契合性

关于协同契合性的类型，请参见波特的文章 What Is Strategy?，转载于 *On Competition*（2008）。

关于 Zara，有两篇非常棒的文章，参见 Kasra Ferdows, Michael A. Lewis, and Jose A.D. Machucam, "Rapid-Fire Fulfillment," *Harvard Business Review*, November, 2004，以及 Pankaj Ghemawat and José Luis Nueno, "Zara: Fast Fashion," Case 9-703-497（Boston: Harvard Business School, 2003）。

奈飞公司首席执行官里德·哈斯廷斯关于匹配问题的引述来自 William C. Taylor and Polly LaBarre, *Mavericks at Work: Why the Most Original Minds in Business Win*（New York: HarperCollins, 2006）。

美国电话电报公司的价值毁损请参见 Roger Martin 的博客文章 When Strategy Fails the Logic Test, November 24, 2010。

第七章　战略的引擎：持续性

波特用他的五力思维分析潜在的颠覆性技术，参见 Strategy and the Internet，该文章转载于 *On Competition*（2008）。

关于雀巢的牛奶业务，详见 Porter and Mark R. Kramer, "Strategy and Society: The Link Between Competitive Advantage and Corporate Social Responsibility," 转载于 *On Competition*（2008）。

西尔斯百货公司的案例请参见 Roger Hallowell and James I. Cash

Jr., "Sears, Roebuck and Company（A）: Turnaround," Case 898-007 (Boston: Harvard Business School, 2002)。

艾伦·穆拉利对于福特汽车转型的评论请参见 Bill Vlasic 的报道: "Ford's Bet: It's a Small World After All," *New York Times*, January 10, 2010。

宝马汽车设计过程的案例来自 S. Thomke, "Managing Digital Design at BMW," *Design Management Journal* 12, no. 2（2001）。

奈飞公司的案例请参考 Michael V. Copeland, "Reed Hastings: Leader of the Pack," *Fortune*, November 18, 2010，以及 Willy Shih, Stephen Kaufmann, and David Spinola, "Netflix," Case 9-607-138 (Boston: Harvard Business School, 2009).

宝马发展其电动汽车的理念请参见 Jack Ewing, "Latest Electric Car Will Be a BMW, From the Battery Up," *New York Times*, July 1, 2010。

西南航空的第四架飞机在 10 分钟内完成登机口中转的故事，请参见 *Nuts!*, 33-34。

我在 *What Management Is*（2002）以及 Why Business Models Matter（*Harvard Business Review*，2002 年 5 月）中撰写了戴尔的实例，我还采访了迈克尔·戴尔，请参见 The Power of Virtual Integration（*Harvard Business Review*，1998 年 3 月）。有关戴尔的更多信息，请参考 Jan W. Rivkin and Michael E. Porter, "Matching Dell," Case 9-799-158 (Boston: Harvard Business School, 1999)。

时装品牌丽资·克莱本的案例请参见 Nicolaj Siggelkow 所撰写

的 Change in the Presence of Fit, *Academy of Management Journal* 44（2001）：838-857。

关于动荡时期战略的重要性，请参考 Michael E. Porter and Jan W. Rivkin, "Industry Transformation," Note 701-008（Boston: Harvard Business School, 2000）。

明茨伯格管理经典

Thinker 50终身成就奖获得者，当今世界杰出的管理思想家

写给管理者的睡前故事
图文并茂，一本书总览明茨伯格管理精要

管理者而非MBA
管理者的正确修炼之路，管理大师明茨伯格对MBA的反思
告诉你成为一个合格的管理者，该怎么修炼

拯救医疗
如何根治医疗服务体系的病，指出当今世界医疗领域流行的9大错误观点，提出改造医疗体系的指导性建议

战略历程（原书第2版）
管理大师明茨伯格经典著作全新再版，实践战略理论的综合性指南

管理进行时
继德鲁克之后最伟大的管理大师，明茨伯格历经30年对成名作《管理工作的本质》的重新思考

明茨伯格论管理
明茨伯格深入企业内部，观察其真实的运作状况，以犀利的笔锋挑战传统管理学说，全方位地展现了在组织的战略、结构、权力和政治等方面的智慧

管理至简
专为陷入繁忙境地的管理者提供的有效管理方法

管理和你想的不一样
管理大师明茨伯格剥去科学的外衣，挑战固有的管理观，为你揭示管理的真面目

战略过程：概念、情境与案例（原书第5版）
殿堂级管理大师、当今世界优秀的战略思想家明茨伯格战略理论代表作，历经4次修订全新出版

战略过程：概念、情境与案例（英文版·原书第5版）
明茨伯格提出的理论架构，是把战略过程看作制定与执行相互交织的过程，在这里，政治因素、组织文化、管理风格都对某个战略决策起到决定或限制的作用

战略"黑金"系列

来自哈佛大学、斯坦福大学商学院的"超级战略课"

超级战略家：创造竞争优势的终极法则

作者：[美] 辛西娅·A.蒙哥马利（Cynthia A. Montgomery） ISBN：978-7-111-74104-6

哈佛商学院为创业者、企业主和董事长量身定制的战略课，
如果你没机会去哈佛商学院学习战略，那就读这本书！

战略论证：企业如何寻找可持续的竞争优势

作者：[美] 杰斯珀·B.索伦森（Jesper B. Sørensen） [美] 格伦·R.卡罗尔（Glenn R. Carroll）
ISBN：978-7-111-75986-7

斯坦福大学商学院全新理论成果——"**战略论证的技能**"，教管理者找到组织优势，实现持续领先！

竞争战略论：一本书读懂迈克尔·波特

作者：[美] 琼·玛格丽塔（Joan Magretta） ISBN：978-7-111-76140-2

与波特共事超过20年的学术伙伴琼·玛格丽塔，浓缩波特千页巨著精华，
推出全面还原波特战略思想的集大成之作